DE
LA REPRÉSENTATION VÉRITABLE
DE
LA COMMUNAUTÉ.

Cet écrit fut imprimé l'année dernière sous le titre *des Aristocraties représentatives*, mais l'auteur ne crût pas devoir le publier; il n'en fit tirer qu'un petit nombre d'exemplaires pour quelques personnes que ces questions intéressaient. Aujourd'hui qu'elles intéressent tout le monde, et que le salut de la France tient peut-être à la composition de la nouvelle assemblée des représentans, l'auteur a cru que ses observations pouvaient être de quelqu'utilité.

DE LA REPRÉSENTATION VÉRITABLE DE LA COMMUNAUTÉ,

OU

DU SYSTÈME DE NOMINATION AUX DEUX CHAMBRES,

BASÉ SUR LA PROPRIÉTÉ,

PAR LE COMTE ALEXANDRE DE LABORDE,

MEMBRE DE L'INSTITUT, etc., etc.

In domo meà non est panis, neque vestimentum, nolite me constituere principem populi.

ISAÏE, cap. III, v. 7.

PARIS,

Chez H. NICOLLE, libraire, rue de Seine, F. S. G.

IMPRIMERIE DE CHAIGNIEAU AÎNÉ.

1815.

PRÉFACE.

Après vingt-cinq ans d'inutiles efforts pour fonder un gouvernement libre, et vingt-cinq ans de plus inutiles guerres pour acquérir un rang distingué parmi les peuples, la France abattue et troublée, dévastée et conquise, semble devoir désespérer de la tranquillté au dedans, de l'indépendance au dehors. Qui pourra calmer les factions qui la divisent, si même il est possible d'éloigner les étrangers qui la ruinent? Que d'atteintes portées à sa dignité! Que d'obstacles à son bonheur! Un seul dédommagement, s'il peut en exister, de tant de maux, l'expérience, due sans doute au malheur même, en nous éclairant sur le passé, nous montre une voie de salut dans l'avenir : elle nous réunit tous autour du trône, notre espoir et notre réfuge; là nous trouvons rassemblés, à la suite des tempêtes, des hommes habiles que l'amour de la patrie, l'opinion publique et la sagesse du Monarque appellent à sauver leur pays. Le Roi, par son ordonnance du 9 juillet dernier, a posé les bases du véritable mécanisme constitutionnel, qui peut assurer à-la-fois la stabilité de sa couronne et celle de nos institutions. En créant un ministère solidaire et indépendant de la faveur, il a rendu mobile la partie exécutive du pouvoir royal; il a éloigné de la majesté du trône les plaintes des peuples, qui ne peuvent plus se porter que sur les agens de l'autorité; il a mis les souverains à l'abri à jamais de toute rebellion, les sujets de tout despotisme, combinaison heureuse qui ouvre la carrière à tous les talens, assure l'oubli de toutes les erreurs, qui réduit l'opposition à un simple contrôle, et l'exercice de la puissance à l'emploi de l'autorité pour le maintien des lois. Que faut-il à présent pour assurer la durée de ces institutions ? s'y réunir de bonne foi, les entourer de la confiance générale, appeller à leur soutien les hommes éclairés de toutes les classes, et créer, en un mot, une assemblée vraiment nationale qui représente tous les intérêts, confonde toutes les passions, et s'unisse étroitement avec le gouvernement.

Voltaire disait du peuple Juif, que s'il n'avait pas été mieux élevé ce n'était pas faute d'instituteurs. Ne pourrait-on pas dire des Français, que s'ils n'ont pas été mieux *constitués* ce n'est pas faute de *constitutions ?* Nous voici à la huitième, et il n'est pas aujourd'hui d'écolier qui ne se croie en état et qui n'ait la prétention de composer une constitution. Les premières, dit-on, n'ont pu se soutenir parce qu'elles étaient toutes mauvaises; il serait facile de prouver, au contraire, qu'elles ont été renversées quoiqu'elles fussent toutes bonnes, et cela parce qu'elles n'étaient point confiées à une nature de personnes intéressées à les maintenir, et qu'on s'était plus attaché au texte des lois qu'au mouvement qui devait les diriger dans l'action. C'est ainsi que les Japonais placent le monde sur un éléphant, et s'inquiètent peu sur quelle base l'éléphant repose.

La constitution d'un état monarchique ne consiste point dans le texte même de ses dispositions, mais bien dans la forme de son gouvernement, et le choix de ses fonctionnaires; c'est un contrat succinct des relations qui peuvent exister entre le prince et les différentes classes de sujets par l'intermédiaire de corps, ou conseils représentatifs. Ces bases une fois posées dans une charte souvent très-courte, la constitution s'augmente de l'ensemble des actes émanés du Roi, et de ces conseils; elle est alors l'expression du pouvoir constitutionnel, au lieu d'en être la règle; elle réside, en un mot, dans la partie non écrite, mais agissante, mais active des institutions. Si le mode d'élection est tel que les pouvoirs constitutionnels soient déférés à des gens tirés de la partie saine, éclairée et indépendante de la société, n'importe qu'elle soit le contenu de la charte constitutionnelle, le gouvernement sera juste, et le peuple heureux. Si, au contraire, les élémens d'une représentation entraînent avec elle des agens ennemis par nature des principes sociaux, quelque bonnes que soient les lois, la marche sera incertaine, la sûreté et la liberté des citoyens compromises.

Avant qu'un habile homme eût donné au tableau du gouvernement anglais le nom de constitution anglaise, on ne s'était point avisé de le considérer ainsi. On entendait, par ce mot de constitution, l'ensemble des actes émanés du parlement, surtout ceux qui datent depuis 1668 ; actes qui se contredisent sans cesse, se modifient, et peuvent changer un jour totalement sans que la constitution anglaise en souffre, c'est-à-dire sans que le pays éprouve de secousses, si la représentation ou les pouvoirs constitutionnels sont toujours confiés aux hommes les plus intéressés au maintien de la société. C'est au contraire cette mobilité possible dans les lois, cette élasticité dans les mouvemens, qui fait la belle partie des institutions anglaises, et que M. Delolme n'a pas assez examinée ; il s'est plus attaché à la charpente de la machine qu'au ressort qui la fait mouvoir. Il nous a peint un mécanisme si compliqué qu'il paraît difficile d'en faire ailleurs l'application. De là cette opinion si généralement admise que la constitution anglaise est un système particulier qui ne convient ni au caractère, ni aux habitudes des autres peuples, tandis que les principes qui la font mouvoir sont communs à toutes les sociétés. Ces principes consistent dans l'intervention d'un choix d'hommes éclairés sur toutes les questions d'intérêt général ou particulier, dans le système d'arbitrage substitué à l'exercice de la force, et, en un mot, dans l'action de la communauté depuis les moindres affaires d'un village jusqu'aux plus grandes décisions de l'état. De là cet accord unanime de tout le pays pour les entreprises les plus longues et les plus difficiles, cette justice distributive, cette police municipale, la meilleure garantie des intérêts sociaux; de là ce crédit public fondé sur la responsabilité volontaire de tous pour les intérêts de chacun, source si importante de richesses et de circulation.

L'action de la communauté est un individu moral qui dispose à son gré de toutes les personnes, de toutes les choses, qui s'avance avec toutes les volontés, tous les moyens pour renverser les obstacles; elle est la véritable souveraineté du peuple, qui se manifeste comme elle par délégation, délégation fixe et invariable dans la personne du Roi et des Pairs, délégation élective et amovible dans la chambre des représentans. Les anciens, qui plaçaient partout des génies, auraient nommé cette nouvelle puissance *le Génie de la*

Société. Est-il en effet une force comparable à une combinaison semblable ? Quelle est à côté d'elle l'existence du souverain le plus absolu ou le plus aimé, autre chose que celle d'un homme isolé que toutes les passions assiègent, que tous les mécontentemens entravent, qui ne peut inspirer aucune confiance, parce qu'il ne présente aucune garantie ? Louis XIV dans toute sa gloire, Louis XVI avec toute sa bonté, auraient à peine trouvé cent millions à emprunter, tandis que l'Angleterre, soumise à une administration responsasable, dispose capricieusement des trésors de tous ses habitans, double en dix ans le capital d'une dette immense, et fait servir cette dette même à la création de nouveaux capitaux, moyen singulier de circulation, de vie intérieure et de richesse artificielle qui alimente toutes les spéculations.

Ces combinaisons heureuses reposent sur l'action seule de la communauté, qui rend chaque individu débiteur en même temps que créancier de l'Etat, gouvernant autant que gouverné, et son propre commissaire dans la gestion de ses intérêts. Jamais une banqueroute ne peut avoir lieu dans un pays semblable; si elle a lieu, elle frappe à-la-fois les autres propriétés, et par conséquent ce n'est plus une perte individuelle sur une nature de biens, mais un sacrifice général auquel tout le monde se soumet. La taxe de dix pour cent sur toutes les propriétés fut établie en Angleterre pour payer les intérêts de la dette : elle aurait pu être de 50 pour 100. L'action de la communauté est la garantie de la liberté individuelle, la sauvegarde de la propriété et le moyen de répartition des charges sociales; mais, pour que cette action soit équitable, il faut que tous les intérêts qu'elle concerne soient représentés dans une telle proportion, qu'aucun ne domine les autres. Il peut exister autant de despotisme et d'arbitraire dans une assemblée que dans un monarque avec moins de moyens de répression. Si la majorité de la représentation est composée de capitalistes, ils oppprimeront les propriétaires ; si ces derniers dominent, ils laisseront opérer la banqueroute. Mais s'il s'introduit dans la représentation une majorité de non-propriétaires, alors l'Etat sera bouleversé, et il n'y aura plus de bornes au désordre et à la licence. Nous avons eu bien des assemblées depuis vingt-cinq ans, aucune n'a présenté la véritable action de la communauté, parce qu'aucune n'avait admis la propriété pour base des garanties constitutionnelles. Il semblait que les législateurs français avaient toujours considéré comme indifférent le choix des représentans, pourvu que la constitution fût précise et bonne. Le but de cet écrit est de faire voir, au contraire, ainsi que nous l'avons dit plus haut, que les articles de la constitution sont indifférens, pourvu que les intérêts de la société soient confiés à une nature de représentans incapables de les trahir ou de les méconnaître.

Il en est d'un Etat comme d'un homme dont la santé ne dépend pas des ordonnances qu'il suit, mais du régime qu'il adopte. La postérité s'occupe moins des théories brillantes ou des phrases ambitieuses de quelques législateurs, que de la durée des institutions, et il n'est peut-être pas inutile, dans le moment où la France reçoit une forme de gouvernement plus perfectionné que les autres, d'examiner quels sont les élémens qui peuvent être appelés à la soutenir, comment se croisent ou s'unissent les intérêts des individus qu'elle doit régir, et entre les mains de quels hommes ces intérêts seront le mieux garantis, tant pour le repos du peuple, qué pour l'autorité inviolable du souverain.

Jadis le gouvernement était un mécanisme indépendant de la société, ou plutôt dont la société se croyait indépendante; on le considérait comme un spectacle sans se croire sur la scène; on le frondait sans réfléchir que sa perte entraînait la nôtre; on se croyait seulement une existence parallèle à la sienne. Il est temps enfin que les honnêtes gens, les hommes éclairés se réveillent, qu'ils forment un rempart entre l'autorité et les factions, de quelque nature qu'elles soient, et qu'ils fassent au moins respecter nos lumières par les étrangers, s'il n'est pas possible de les empêcher d'abuser de nos malheurs, les collèges électoraux vont s'ouvrir, une nouvelle assemblée va se trouver dépositaire de la confiance nationale. Heureux ceux qui seront jugés dignes d'en faire partie, et qui attacheront ainsi leur nom à une époque, triste sans doute sous plusieurs rapports, mais d'où peut encore dater le bonheur de la France !

DE

LA REPRÉSENTATION VÉRITABLE

DE

LA COMMUNAUTÉ.

CHAPITRE PREMIER.

Des intérêts représentés par les pouvoirs constitutionnels.

DANS toute espèce de science, dans la physique comme dans la morale, dans la religion comme dans le gouvernement, il est certains principes fondamentaux qui sont ou l'essence de la chose, ou son mobile, ou son but. Quels qu'ils soient, il est indispensable de les bien connaître avant de rien entreprendre sur le sujet auquel ils ont rapport; car l'on s'égare également, soit que l'on néglige de les chercher, soit qu'on ne trouve pas les véritables, soit que l'on s'en écarte après les avoir établis: or, quels sont les principes fondamentaux de l'ordre social, abstraction faite de toute illusion méthaphysique? quelle est la base de cette réunion nommée *société?* quel est l'intérêt des hommes en la maintenant? quel est le moyen de la perfectionner pour la maintenir? Ces grands principes, si souvent méconnus par les législateurs, si souvent renversés par les factieux, se renferment en un seul mot qui se trouve en même temps l'essence, le mobile et le but de l'ordre social, ce mot est *la propriété :* ce grand intérêt fut d'abord le principe de toute société, et bientôt après, sa conséquence. Les hommes se réunirent par le désir de la propriété comme cause, et l'assurance de la propriété fut le résultat de cette réunion comme effet; rien ne devant se faire que pour elle, rien ne dut se faire que par elle. Je distingue donc naturellement deux espèces de droit de propriété, celui de la possession acquise, et celui qui en assure la jouissance. J'appellerai l'un propriété civile ou entre les citoyens, pour leurs intérêts particuliers; l'autre, propriété sociale ou des citoyens, pour leurs intérêts généraux. La première sera dirigée par *l'arbitrage civil*, autrement *le pouvoir judiciaire;* la seconde, par *l'arbitrage social* ou *le gouvernement.* Toutes deux auront leurs lois, qui sont l'expression de leurs volontés et la garantie de leur existence : l'une, la loi civile ou *le code ;* l'autre, la loi sociale ou *la constitution.* Une troisième acception de la propriété, non moins importante, et qui se lie aux deux autres, est la propriété politique qui constitue les rapports et les droits des nations entr'elles considérées comme individus : cette propriété sera dirigée de même par *l'arbitrage politique* ou *le congrès*, et aura pour expression la loi politique ou *les traités ;* chacune de ces attributions aura son intérêt particulier ou autrement sa raison, c'est-à-dire la raison civile de la propriété ou l'intérêt particulier de l'homme ; la raison sociale ou l'intérêt au droit social pour le maintien de la propriété ; la raison politique des nations pour leur indépendance ou la raison d'Etat.

Ces trois caractères distincts renferment toutes les acceptions des intérêts des hommes en masse ; mais ils entraînent une subdivision pour les intérêts des hommes d'un même pays, vis-à-vis les uns des autres ; c'est-à-dire, qu'ils comprennent deux sortes de propriétés séparées, et souvent même en opposition. L'une est la propriété acquise, ou le *territoire ;* l'autre est la propriété industrielle, ou *les capitaux*. La première est fixe, stable et purement conservatrice ; l'autre est turbulente, inquiète, précaire, mobile : la première présente le principe de l'ordre, de la richesse, de la stabilité ; la seconde, le talent, l'esprit, l'action. La première demande un simple recensement pour sa représentation ; l'autre semble appartenir davantage à la nature des élections, étant plus nombreuse, plus active, plus exigeante.

Au-dessus de ces deux puissances qui agissent parallèlement, et quelquefois en sens inverse, plane l'autorité souveraine, qui les accorde, les balance, les juge ; qui active l'inertie de l'une, et tempère le mouvement de l'autre : je trouve alors les trois mobiles suivans, qui constituent tous les intérêts des hommes, et forment les bases d'un gouvernement stable, c'est-à-dire,

La puissance fixe ou la propriété territoriale, principe de force ;

La puissance mobile ou le talent, principe d'action ;

L'autorité souveraine ou l'arbitrage, principe de justice.

Ces trois pouvoirs se retrouvent dans la

famille, image et origine de la société : le vieillard, principe de justice ; l'homme mûr, principe de force ; le jeune homme, principe d'action. Ils existent également dans la formation des sociétés, où le chef est le principe de justice, les pères de famille le principe de force, les guerriers le principe d'action. La réunion légitime et combinée de ces trois pouvoirs est donc ce qui constitue le meilleur gouvernement, qui offre la véritable *représentation nationale*, la véritable *délégation de la communauté*, et nous aurons occasion d'observer que les meilleurs gouvernemens existans sont également ceux qui possèdent la meilleure combinaison de ces trois pouvoirs.

Ces trois états de la société en ont toujours exclu un quatrième, qui doit être seulement protégé par les autres, c'est la pauvreté. Cet état n'a rien à conserver, n'est guère apte à acquérir, et doit passer pour inhabile à se faire représenter (1). C'est une infirmité dans le

---

(1) J'entends par état de pauvreté cette classe nombreuse qui, n'ayant ni fortune ni éducation, ne présente aucune garantie par ses intérêts ni aucun avantage par ses

corps social, que l'on doit s'occuper à guérir, et non un organe qu'il faille mettre en mouvement (1). Le pauvre est, par son essence, cupide dans la propriété civile, révolutionnaire ou courtisan dans la propriété sociale, conquérant et dévastateur dans la propriété politique. La pauvreté doit être soignée comme la folie, surveillée comme l'ivresse, contenue comme l'ignorance, quoiqu'assurément elle ne

---

lumières. Il faut que tout facilite le développement de son industrie, mais que rien ne livre la société à ses passions.

(1) Servius Tullius distribua le peuple de Rome en cent quatre-vingt-dix centuries, qui formaient six classes. Dans la première, il mit adroitement les plus riches; dans la seconde, les moins riches, mais en plus grand nombre, ainsi de suite; et dans la dernière, la foule des indigens : et comme chaque classe n'avait qu'une voix, il était toujours sûr du suffrage. Cet esprit de Servius Tullius se conserva dans la république. Solon divisa aussi en quatre classes, non ceux qui pouvaient élire, mais ceux qui pouvaient être élus, et voulut que l'on ne choisît les magistrats que dans les trois premières, qui composaient les citoyens les plus aisés.

Antipater établit à Athènes que ceux qui n'auraient pas deux mille drachmes seraient exclus du droit de suffrage. Diod. lib. 18. p. 61.

soit entachée d'aucun de ses vices; mais elle ne peut jamais faire partie de la représentation. *Le riche a parlé,* dit l'Ecriture (1), *et tout le monde s'est tu, le pauvre a parlé, et on se demande quel est cet homme-là?*

Aucun Etat n'a encore été gouverné par des pauvres. Si des circonstances viennent à priver les riches du pouvoir et à le faire passer dans les mains des pauvres, ceux-ci dépouillent les riches de leurs biens, s'emparent des propriétés, et ne conservent le pouvoir qu'ils ont saisi, qu'au moyen des richesses qu'ils acquièrent. Il y a alors changement d'individus, mutations de personnes; mais l'Etat, après quelque temps, reprend enfin sa même existence, et se trouve, comme avant, gouverné par les riches. Il faut observer seulement que, pendant ce temps de trouble et d'anarchie, l'on n'arrive à la richesse qu'en se servant du pouvoir, tandis que dans un temps tranquille, c'est par la richesse surtout que l'on parvient au gouvernement. La propriété devient alors incer-

---

(1) *Dives locutus est, et omnes tacuerunt; pauper locutus est, et dicunt: Qui est hic?* Ecclesiast. cap. 13.

laine et flottante : c'est une lutte entre l'adresse et la force ; mais au bout de quelque temps cette lutte cesse, la confiance renaît, le respect au droit reprend le dessus, et cette propriété mobile et ombrageuse, se laissant entraîner aux jouissances naturelles, se convertit en territoire, se remarie avec la terre, et reprend ainsi tous les goûts, tous les usages, et même toute la bonne foi de la vraie propriété. Damis est le plus honnête homme de sa commune, Cléante encourage les arts et les sciences, Dorante soutient, par son exemple et ses discours, les principes d'un bon gouvernement. Ils sont riches ; mais Damis n'avait-il pas été accusé de faux ? Cléante ne vivait-il pas en mauvaise compagnie ? Dorante n'avait-il pas voulu renverser l'Etat ? Sans doute ils étaient pauvres alors. Lorsque les goûts et même les vertus ne sont point dans les caractères, ils se retrouvent dans les situations.

Ce qui a lieu pour l'homme seul, se remarque également dans le caractère des peuples ; seulement les effets sont alors transportés de l'individu simple à l'individu composé. Les privations de l'homme seul ou ses jouissances sont devenues celles de la masse qui se meut, se civilise ou se corrompt d'après le même principe. Quels sont ces habitans sauvages des bords du Tibre qui enlèvent les femmes de leurs voisins pour peupler leurs cabanes de jonc? ce sont les Romains, les précurseurs de Cicéron, de Virgile et d'Horace; ce seront les maîtres du monde. Quels sont ces autres barbares qui sortent à moitié nus des marais de la Scythie, et renversent les maîtres du monde? ce sont les Hérules, les Huns, les Goths; ce sont nos pères.

La propriété est donc bien sûrement le gage et la sûreté du gouvernement et des gouvernés, le lien naturel entre eux; mais ce lien, pour être solide, dépend des proportions dans lesquelles doit être divisée la propriété pour mieux soutenir le gouvernement, et de la manière dont doit être composé le gouvernement pour mieux protéger la propriété. Il suit de-là que celui qui voudrait constituer un peuple qui n'aurait pas de gouvernement, devrait d'abord examiner l'état de la propriété chez ce peuple, et les proportions suivant lesquelles elle est répartie.

Pareillement un législateur, après avoir fait un mode de gouvernement, et composé une constitution qu'il aurait souvent été obligé de modifier relativement à d'autres circonstances, devrait, pour la mettre en action, avoir bien soin qu'il ne s'introduisît pas, par l'effet du travail et de la transmission de la propriété, une répartition discordante avec les principes de la constitution, et, au contraire, faciliter, par des arrangemens, par des lois sur les successions, le mode d'influence nécessaire à son but.

La négligence de ces principes entraîne les mêmes malheurs, soit qu'on procède du peuple au gouvernement, ou que l'on descende du gouvernement au peuple.

C'est pour n'avoir pas apporté ces précautions nécessaires dans la formation des empires, qu'on a vu des républiques, instituées sur des principes démocratiques, devenir aristocratiques, et des états régis par des institutions aristocratiques ou monarchiques, se rapprocher par le laps du temps et la division de la propriété, de la démocratie, tellement que le peuple, en ayant acquis les moyens, a renversé l'autorité existante, et s'est emparé du gouvernement.

La république des Hébreux et celle de Lacédémone sont les seules qui aient conservé long-temps leurs formes et leur esprit; la raison de leur durée consiste principalement dans le soin que leurs législateurs ont apporté à partager la propriété, et à la maintenir dans les bornes qui leur avaient paru essentielles à la nature du gouvernement et à son mécanisme. Les lois de Moïse et de Lycurgue sont positives à cet égard, et presque les seules de ce genre. Mettant les esclaves et les ilotes de côté, qui étaient, pour ainsi dire, en dehors des lois, on voit la république hébraïque conduite par ses chefs, et la république spartiate gouvernée par ses rois, rester constamment démocratiques.

Les lois de Lacédémone n'admettaient point de propriété personnelle; celles des Hébreux la dirigeaient et la limitaient de manière qu'un individu ne pouvait hériter que suivant certaines règles, et que le droit de tester existait à peine; elles obligeaient également à succéder dans certains cas : en un mot, ce qui concerne la répartition de la propriété était scrupuleusement prescrit par les lois constitutives des deux républiques, dans la vue de conserver parmi les citoyens l'égalité sociale, caractère de la démocratie, qui n'a de base que dans l'égalité de la propriété. Toutes les autres républiques ont été aristocratiques ou oligarchiques; quelques-unes ayant cependant conservé des formes démocratiques, et laissé quelque pouvoir au peuple, ont été déchirées par des factions et anéanties. De ce nombre est la république romaine, et les républiques italiennes du moyen âge. Les républiques américaines, sacrifiant tout à une passion exagérée pour la liberté, n'ont mis aucune borne au mouvement, à l'amoncellement de la propriété : aussi deviendront-elles, surtout par leur commerce, plus ou moins aristocratique; et leurs législateurs l'ont si bien senti, qu'ils ont préparé dans le gouvernement fédéral la part de l'aristocratie, et des places éminentes qui, par le mode d'élection, seront toujours dévolues aux riches. Je doute même que ce soit assez, et je ne serais pas étonné que, par la suite, l'aristocratie, devenue plus formidable, ne tente d'obtenir des honneurs, des dignités et des droits exclusifs. Alors la royauté constitutionnelle lui deviendra nécessaire, et l'on verra paraître autant de monarchie que les divisions naturelles du territoire le comportent. Il faut cependant observer que la propriété territoriale étant très-divisée dans ce pays, la transmission sujette aux lois particulières de chaque état, et les substitutions en général découragées, ce sera l'aristocratie mobile des capitalistes et des négocians qui se formera la première, et qui se trouvera quelque temps en opposition avec la démocratie des campagnes; circonstance qui peut occasionner des troubles, jusqu'à ce que la richesse se soit fixée à la terre. C'est ce que l'on voit si bien établi en Angleterre, où l'aristocratie territoriale adoucit vis-à-vis des campagnes l'aristocratie capitaliste, qui serait insupportable et humiliante pour un peuple de fermiers indépendans.

C'est un spectacle curieux pour un observateur, et qui arrive bien à l'appui des principes que nous avons énoncés, et que nous développerons, de voir les Etats d'Amérique constitués en république, marcher vers la monarchie par l'amoncellement de la propriété, dans le même temps où la France, de tout temps monarchie, s'est rapprochée de la démocratie par la subdivision de cette même propriété.

Il n'y a de gouvernement vraiment stable, et remplissant son but, que celui qui sera en accord parfait dans ses principes avec la répartition de la propriété parmi le peuple. Nous allons examiner quelle est la division et la représentation de cette propriété la plus analogue à une monarchie constitutionnelle.

CHAPITRE II.

De la Puissance fixe, ou de la Propriété territoriale, principe de stabilité.

L'HOMME naît avec des *organes* et des *besoins*. Il a, pour exercer les uns et subvenir aux autres, des *facultés*. L'inégalité de ces facultés ou de leur emploi constitue la condition de l'homme sur la terre, sans qu'aucune loi naturelle lui ait établi des *droits*, ou l'ait soumis à des devoirs. Les *droits* et les *devoirs* sont une suite des conventions sociales auxquelles l'homme est sans doute appelé par son organisation, mais dont il n'a aucune idée dans l'état d'isolement. Ses facultés sont toutes sa richesse, toute sa puissance, tout son être. Si la somme de ces facultés égale la somme de ses besoins, il existe dans l'état de nature, il est indépendant dans l'ordre social ; si elle les surpasse, il jouit de l'abondance et du repos dans l'état de nature, il acquiert des droits (1) dans la société. Si, au contraire, elle est moindre, il souffre dans l'état de

---

(1) Si on veut appliquer à l'état de nature le mot *droit*, on le trouvera totalement vide de sens; car on ne voit dans cet état rien qui ressemble à ce qu'on entend ordinairement par ce mot.

Hobbes dit: *Les hommes ont appelé* DROIT, ou JUS, *ce qui n'est pas contre la raison.*

Mais s'il y a beaucoup de choses contre la raison, qu'on est cependant accoutumé à appeler *droits*, et qu'on ne peut appeler autrement, la définition est mauvaise. Voyez aussi la belle conclusion où ce principe va le mener.

Or, dit-il, *il n'est pas contre la raison qu'un homme fasse tout ce qui est nécessaire pour conserver sa vie; donc l'homme a le droit de faire tout ce qui est necessaire pour conserver sa vie.*

De *même*, continue-t-il, *chaque individu, par droit de nature, est le seul juge de ce qu'il lui convient: donc tout individu a le droit de prendre, de tuer, de manger tout ce que bon lui semble, même ses semblables.*

Voilà comme, en appliquant aux actions naturelles un mot fait pour exprimer des rapports sociaux, on finit par dire des choses ridicules. Lorsqu'on remonte aux élémens et aux principes d'une science, il faut d'abord expliquer les mots, leur donner une définition convenue, et se faire une langue précise, dont l'usage n'égare personne; lorsqu'on se sert d'expressions qui ne sont pas exactes, à défaut d'autres plus parfaitement applicables aux circonstances, il faut

nature, et contracte des devoirs parmi les hommes. Mais ces facultés changent d'appli-

---

rendre clair, par une explication relative au cas, le sens dans lequel on s'en sert, autrement chacun les entend dans leur sens absolu, ou le plus usité, et il arrive des ignorans qui tirent une infinité de fausses conséquences des principes les plus vrais.

Droit peut être employé comme adjectif, surtout en anglais *right*, ou comme substantif.

Si, comme adjectif, il est synonyme à *juste*, *raisonnable*, et c'est ainsi que Hobbes l'a entendu dans ce passage, alors il ne signifie rien du tout, appliqué à l'état de nature, puisque dans cet état il n'y a rien de juste ni d'injuste, que tout appartient à tous, et n'appartient à personne.

Si on prend le mot *droit* comme substantif, il n'est pas moins impropre au sujet que nous traitons. Mais ici le raisonnement de Hobbes est plus utile : *La nature*, dit-il, *a donné à tous les hommes un droit à toutes choses.* Mais ce droit de tous, à tout, ne vaut pas mieux que si aucun homme n'avait aucun droit à rien; car un droit n'est rien pour un homme, lorsque son égal ou supérieur en force a le même droit que lui, et aux mêmes choses.

Un droit, dans l'acception commune, signifie un titre déterminé, établi, reconnu par tous ceux qu'il oblige, en vertu duquel une personne peut faire ou posséder telle ou telle chose, de telle ou telle manière : il est circonscrit, et il suppose une convention précédente, et suppose une

cation à mesure que l'homme ou les hommes se civilisent ; elles sont de deux natures : les

---

force indépendante et insuffisante pour en assurer la jouissance et la réalité. Ainsi, par les lois civiles, un homme qui a acheté une terre a le droit exclusif de la cultiver ; ainsi, un homme mis en prison *a droit* d'exiger du magistrat de savoir la cause pour laquelle on l'a privé de sa liberté ; ainsi, il a *le droit* d'être jugé par ses pairs, etc. etc. Or, il n'y a rien dans l'anarchie qui ressemble à tout cela, ou qui en soit l'occasion. On y a pourtant transplanté ce mot, si je puis dire ainsi. On a trouvé l'origine de tous les droits possibles dans un état qui n'est que l'absence de tous les droits, et on est tombé dans une fausseté de raisonnemens qui a été la cause de bien des maux.

On a prétendu d'abord qu'il y avait des droits naturels, inaliénables, imprescriptibles : on en a fait de longues et pompeuses déclarations : on a voulu les avoir reçus de la nature, et les conserver dans l'état civil : on en a fait un dogme politique; et, cependant, faute d'une interprétation généralement reçue, chacun les a expliqués à sa manière : on les a étendus, diversifiés, multipliés à l'infini, sans que personne prît la peine, en remontant à la source, de demander, si je puis dire ainsi, leur extrait de baptême, et de vérifier cette origine fabuleuse.

Bientôt après, on les a classés en droits naturels, civils, politiques, etc. etc. En les classant on les a confondus ; on a accordé les uns à tout le monde, on en a refusé certains à telle ou telle classe d'individus : mais dès-lors chacun a

facultés physiques, ou tenant à l'organisation du corps, seules en action pendant le premier

---

voulu les posséder tous : on a déclaré avoir *droit à tous les droits* : on a trouvé dans la nature *le droit* d'être riche sans travailler ; de voter dans les élections, d'être magistrat, de gouverner, etc. etc. Les nouveaux adeptes à cette doctrine fatale ont voulu la mettre en pratique ; ils ont appliqué à l'état de société les axiômes imprudemment conçus par quelques philosophes, sur l'état de nature : ils ont appliqué à la propriété ce qui détruisait la propriété ; on ne s'est plus entendu, et la société a touché à sa dissolution. Nous avons de grandes obligations aux législateurs des Etats-Unis, mais nous leur devons tous les ravages causés par la fausse interprétation du mot *droit*, que nous avons pris dans les préambules de leurs constitutions.

Ces déclarations, dans lesquelles ils ont établi les bases de leur gouvernement, me paraissent défectueuses sous plusieurs rapports ; mais elles étaient bien comprises par le peuple américain, et n'ont pas eu de suites funestes. Les Français les ont entendues tout de travers, parce qu'ils étaient très enfans dans l'art des gouvernemens : peut-être égareront-elles un jour les enfans des Américains.

Tâchons donc d'éviter tous ces malentendus : convenons que l'homme ne tient de la nature aucun *droit réel ;* qu'il ne jouit de rien à aucun titre reconnu et garanti ; que la liberté, la propriété, l'égalité, ne se trouvant pas dans l'état de nature, ne peuvent être appelés *droits naturels.* Reconnaissons comme un fait, que les hommes, placés au

âge, et les facultés morales, qui prennent le dessus dans la société ; à l'impulsion des passions naturelles, à la communauté des biens de la terre, marque distincte de l'état de nature ou d'anarchie, succède l'empire de la justice et de la propriété, signe certain de l'état de société : alors, au lieu de la force pour saisir, ou de l'adresse pour voler, attributs de l'homme sauvage, l'homme social a le travail pour acquérir, ou le talent pour mériter. L'aristocratie de la force éphémère, vague, incertaine, se change dans celle de la propriété stable, juste et pure ; la puissance de l'homme, qui s'estimait par la comparaison de sa force avec celle d'un autre, se convertit dans la comparaison de sa propriété ou de son industrie avec celle d'un autre ; alors la société toute entière, solidaire des individus, sauvegarde d'elle-même, assure l'avenir, la transmission du bien-être aux enfans, la perpétuité des choses acquises,

---

milieu de la création, y vivent à l'aventure, et comme ils peuvent, sans posséder d'autres avantages sur les autres espèces animales que des organes plus parfaits.

toutes qualités étrangères à l'état primitif des hommes (1).

---

(1) « Les philosophes qui ont examiné les fondemens de « la société (dit Rousseau) ont tous senti la nécessité de « remonter jusqu'à l'état de nature : mais aucun d'eux n'y « est arrivé. Les uns n'ont point balancé à supposer à « l'homme dans cet état la notion du juste ou de l'injuste, « sans se soucier de montrer qu'il dût avoir cette notion, « ni même qu'elle lui fût fort utile. D'autres ont parlé du « droit naturel que chacun a de conserver ce qui lui appar- « tient, sans expliquer ce qu'ils entendaient par appartenir. « D'autres, donnant d'abord au plus fort l'autorité sur le « plus faible, ont aussitôt fait naître le gouvernement, sans « songer au temps qui dut s'écouler avant que le sens des « mots d'autorité et de gouvernement pût exister parmi les « hommes, etc. etc. »

Rien de plus vrai que ce passage de Rousseau, et il est rare d'en trouver de semblables dans ses écrits. Beaucoup d'auteurs ont parlé de l'homme dans l'état de nature, nul n'a réussi à le définir d'une manière satisfaisante. C'est que chacun d'eux avait un but, un système qu'il cherchait à démontrer. Ils étaient moins occupés de la recherche de la vérité, que du succès de leurs idées favorites. Ils cherchaient des argumens pour une thèse adoptée d'avance, et il leur fallait des principes pour faire passer leurs opinions sous la forme avantageuse des déductions. S'ils n'avaient pas été dirigés par des impressions préalables à cet examen, s'ils eussent cherché de bonne foi ce qu'ils ont montré généralement si peu d'envie de découvrir, la vé-

Ainsi, lorsqu'un grand peuple, fatigué de ses institutions, jaloux de quelques prééminences, suites naturelles de l'inégalité des facultés, espère améliorer sa situation en revenant aux mœurs des premiers âges, lorsqu'il

---

rité les eût réunis dans la même opinion, et leur eût montré que l'âge d'or, cet état d'innocence et de paix, dans lequel il est clair au moins qu'aucun peuple n'a pu rester, n'a jamais existé. S'il a existé, comment en effet se fait-il qu'aucune peuplade, si petite qu'elle fût, n'a pu s'y maintenir? Pourquoi n'en trouvons-nous aucun trait que dans les ouvrages d'imagination des anciens poëtes? N'est-ce pas une preuve frappante que cet état de perfection singulière, fondé sur l'absence des passions, sur une modération générale et la pratique de toutes les vertus, n'était pas fait pour l'homme, puisque nulle part il n'a pu le conserver? Qu'importe d'ailleurs que ce temps ait existé s'il a été suivi partout par des siècles d'ignorance et de barbarie, qui paraissent avoir été le véritable état de nature, et dont la société enfin est sortie en se civilisant? Les imperfections de la société ne sont que des restes de l'état de nature, et la difficulté de porter les principes de la société à leur perfection, vient de l'action, encore existante plus ou moins, de principes anarchiques de l'état de nature. C'est donc dans la société seule qu'on doit chercher les bases des gouvernemens, et non pas dans les époques antécédentes, ainsi que l'ont fait le plus grand nombre des écrivains modernes.

croit retrouver les droits de l'homme dans l'état de nature, il s'éloigne de ces droits, qui n'existent que dans la société. Au lieu d'arriver à l'égalité sociale, il retombe dans l'emploi inégal des facultés sauvages; il renverse l'aristocratie de la propriété pour retourner à celle de la force, et encore ses efforts sont-ils vains : il ne change que de maître, le principe social reprend son empire, et les malheurs seuls que ces secousses ont occasionnés restent, comme des signes éternels des dangers que l'on court en méconnaissant les principes; car il n'est pas plus possible à l'homme social de retourner à l'isolement de l'état de nature, qu'à l'homme isolé de concevoir les règles de la société.

Mais comment la société pourra-t-elle assurer la jouissance libre de la propriété? quels sont les élémens qui peuvent la garantir? Ce moyen est l'*arbitrage* ou l'empire de la raison substitué à l'exercice de la force : là commence pour l'homme la garantie de ses intérêts vis-à-vis d'un autre; là s'établissent la loi et le juge; mais, pour que cette loi et ce tribunal aient une force qui les fasse respecter, la société ou la masse des hommes toute entière doit convenir de soutenir ses institutions, et de s'en rapporter également sur ses intérêts en masse à un *arbitrage social* qui assure l'arbitrage particulier. Le premier sera le tribunal, l'autre le gouvernement; et, de même que les seuls individus qui ont besoin d'un arbitrage civil ou social, sont ceux qui possèdent quelque chose, de même ceux-là seuls doivent être appelés à nommer cet arbitrage et à en faire partie : ainsi tout gouvernement qui ne sera pas composé principalement de propriétaires, tout tribunal qui ne sera pas formé d'hommes au-dessus des passions naturelles, ne remplit pas le but de son institution.

Sans doute il est difficile, d'après les connaissances que demande la jurisprudence des temps modernes, de choisir les juges parmi les gens riches, et quelquefois la chose est impossible, mais il n'en est pas moins vrai que cela serait préférable. Les parlemens autrefois en étaient l'exemple; on a pu les accuser d'ambition, de prétentions étrangères à leurs attributions; mais tout le monde reconnaît qu'ils rendaient la justice avec une grande intégrité. Il en est de même en Angleterre où les fils des pairs et des gens importans ne dédaignent pas de suivre la carrière des tribunaux. Je suppose cependant qu'il puisse en être autrement pour l'administration particulière de la justice, il ne doit point y avoir d'exception pour les représentations dans l'Etat.

La société n'est pas seulement une association de travaux et de profits, mais une compagnie d'assurance pour les travaux et les profits; c'est une convention de sacrifice du degré de puissance de facultés naturelles, ou de l'état de nature à celui de l'état de société; c'est une trève entre la lutte de la force contre les forces. La propriété civile est dépendante de la propriété sociale, comme l'économie privée l'est de l'économie politique : si le propriétaire n'a pas la sûreté de ses produits, il est plus malheureux que s'il n'a pas l'emploi de ses facultés; car il n'a plus d'intérêt à acquérir, et de ce moment cessent le travail, les avances et les productions, et l'Etat est aussi faible que les individus sont pauvres.

La représentation de la propriété, j'entends de la propriété qui se conserve, ou autrement du territoire, dépend beaucoup de la division de cette propriété, soit en étendue graduée, soit en portions très-inégales. Dans ce dernier cas, l'aristocratie, ou le premier corps de l'Etat, se trouve tout déterminé par la grande propriété; dans l'autre, il faudra lui faire un choix, et encourager l'amoncèlement de la propriété dans quelques familles par les alliances et les substitutions.

Dans la plupart des Etats modernes, la formation, l'accroissement et la subdivision de la propriété ont été à-peu-près les mêmes. Elle ne fut d'abord qu'une simple donation à vie, ou autrement une régie soumise à des lois militaires. Elle se constitua par l'hérédité de grands fiefs sous le régime féodal, et accrut son importance par l'amélioration de l'agriculture et les progrès de la population; mais bientôt elle tendit à se diviser, depuis le douzième siècle, par les progrès de l'industrie, le placement de nouveaux capitaux, la vente d'une partie des biens de la noblesse pendant les croisades, et la prépondérance qu'acquit le commerce tandis que les nobles restaient stationnaires. Aujourd'hui elle est en général, dans tous les pays, établie assez graduellement depuis une grande jusqu'à une très-petite étendue de terrain. Il est donc difficile de fixer en quoi doit consister la grande ou la moyenne aristocratie.

Cependant, comme, en général, les richesses sont, ou la récompense de grands services, ou le produit de grands talens, les descendans de ces riches propriétaires ont plus ou moins ajouté à leur fortune, des titres, des honneurs ou des souvenirs qui les distinguent déjà dans la société : ainsi il existe naturellement une classe non pas privilégiée, mais distinguée qui se place au-dessus des autres d'une manière à être reconnue pour former la base de la représentation nécessaire de la grande propriété. L'éclat, le patronage, les bienfaits, la confiance, surtout, qui se porte en général sur ces individus, les placent naturellement, et sans aucune loi formelle, dans une ligne prépondérante, et en font la meilleure sauvegarde possible de la propriété par l'intérêt qu'ils ont à sa conservation : car, de même que la puissance de l'homme s'estime en raison de sa propriété, de même son intérêt, en général, à la conservation de sa fortune, doit se mesurer en raison de cette même fortune. Le nombre de ces individus ne diminue point; car, si plusieurs de leurs familles s'éteignent, à côté d'elles s'élèvent de nouvelles existences considérables; les grands capitaux produits par le commerce se fixent à la terre, et de nouveaux patrons se rendent dignes d'occuper le même rang en parvenant honorablement à la même condition. Le talent ou le courage, ainsi distingué, excite l'émulation des autres classes de la société sans exciter leur jalousie, puisque chacun peut se rendre digne d'être admis aux mêmes honneurs : de là cette activité pour acquérir à-la-fois une grande fortune et une grande considération, pour élever sa famille en faisant fleurir son pays. C'est cette masse d'hommes importans répandus dans un état, attirant à eux, chacun dans sa province, les respects, les égards, le crédit, la puissance, qui doit former un corps imposant devant lequel viennent se briser les petites ambitions particulières, les envahissemens, les intrigues et toutes les entreprises dangereuses des autres ordres de la société.

La noblesse est un vain nom, un préjugé

détruit partout où elle n'est point accompagnée de prérogatives ou soutenue par des richesses ; l'existence d'un homme n'éprouve aucun changement par le titre qu'il place à côté de son nom, ou le ruban qu'il porte à sa boutonnière. Ces distinctions frivoles dépendent du caprice des souverains qui les distribuent ou de l'ignorance des peuples qui les considèrent ; mais ce qui ne dépend ni des uns ni des autres, c'est la prépondérance de la propriété. Quelle que soit la forme d'un gouvernement, il y aura toujours des grands et des petits propriétaires qui établiront un ordre de citoyens plus ou moins élevés, plus ou moins puissans.

Il est juste cependant de le dire lorsque la masse des richesses se trouvera placée entre les mains des familles dont les noms sont chers à la patrie, dont les aïeux ont rendu de grands services à l'Etat, elles acquièrent plus d'éclat. C'est ainsi qu'il existe véritablement en Europe une classe de grands seigneurs qui inspirent avec raison la considération et le respect.

Ce sont eux qui, employant pendant cinq siècles leurs fortunes et leurs lumières à l'amélioration de la société, ont fondé partout les grands établissemens publics, les collèges, les hôpitaux; qui, en Italie et en Espagne, produisirent les siècles des Médicis et des Ximénès; en Allemagne, en France, assurèrent la liberté des villes commerçantes, défendirent les peuples de l'agression de la petite noblesse; en Angleterre, furent les créateurs et la sauvegarde d'un gouvernement chef-d'œuvre de l'esprit humain; ce sont eux, enfin, qui, ne rendant plus la justice, comme autrefois, à la porte de leur palais, sont encore cependant les arbitres de l'opinion, et présentent ce gouvernement paternel, désintéressé, si vanté dans l'Ecriture : *Gubernationes optimatum.*

CHAPITRE III.

De la Puissance mobile, ou du Talent, principe d'action.

Le travail varie à l'infini dans la société, et produit les richesses sous une multitude de formes, qui toutes finissent par se fixer à la terre, ou autrement, à la propriété territoriale; mais, avant d'avoir atteint ce but et cette derrière retraite, la richesse mobile agit diversement et avec différentes influences dans l'ordre social. Le talent qui la produit est une puissance qui s'agite, se meut, se multiplie, et tend à enrichir, et quelquefois à ébranler l'Etat. Son premier soin est d'employer le travail pour subvenir aux besoins; le second, de se passer du travail pour jouir du repos; le troisième, de faire subsister d'autres individus pour acquérir le pouvoir. L'éducation, jointe aux dispositions naturelles, forme des hommes habiles dans chaque profession. A l'un, elle donne l'éloquence qui entraîne les hommes, la logique qui les convainc, le courage qui les enflamme; à l'autre, elle confie les combinaisons commerciales, qui attirent et cumulent dans peu de mains des capitaux immenses, qui couvrent la mer de navires, et rendent le monde tributaire d'un homme tranquille et modeste; à un troisième, elle donne cette industrie manufacturière par laquelle des millions d'invidus pauvres, souffrans, trouvent un asile et des secours, puissance de justice et de bienfaits, supérieure peut-être à la richesse agricole, car elle offre des résultats plus prompts et un accroissement de produit plus rapide.

Ne faut-il pas, dans un Etat où des intérêts aussi graves se trouvent réunis ou opposés, établir des lois qui les régissent, et qui soient concertées avec eux? S'il en était autrement, comment pourrait-on maintenir de tels hommes dans les bornes de l'obéissance, et dans une condition secondaire? Comment fixerait-on au sol leur industrie indépendante, leurs capitaux cachés, leur crédit mobile? Comment les mêmes hommes se livreraient-ils avec confiance à d'aussi grands travaux, à des spéculations si hardies? Comment convertiraient-ils leurs capitaux dans le signe de la dette publique, dont ils maintiennent la valeur à un taux élevé, source de richesse pour l'Etat, patrimoine social qui, par le simple crédit, fournit à tous ses besoins, couvre toutes les dépenses communes, et qui, par le système bien réglé d'amortissement, porte avec soi l'extinction même de la charge qu'il a fait contracter? combinaison admirable des temps modernes, et entièrement inconnue des anciens.

Cette masse d'industrie, que j'appellerai richesse mobile, comprend une grande moitié de la société, et la moitié la plus capable, la plus active, la plus jeune : alors, si la représentation de la richesse territoriale doit être, comme le signe de son origine, stable, solide et héréditaire, celle-ci sera nécessairement active, remuante, inquiète, et ne peut être qu'élective et révocable. Occupée chaque jour de ses intérêts et de son avenir, elle observera le gouvernement qui les règle, elle s'élèvera contre les obstacles qu'on voudrait lui opposer, et qui pourraient nuire à son accroissement; mais si cet accroisment dépend de quelques sacrifices, elle sera aussi la première à se les imposer; elle ne balancera pas à se prescrire des privations en soutenant une guerre longue dont elle connaîtra le but, à payer les impôts onéreux dont elle aura elle-même approuvé la répartition. Elle transmettra, par des représentans pris dans son sein, cette résignation, ce courage des sacrifices à toutes les classes dont elle dispose. Elle sera, ou le plus grand obstacle, ou le plus grand moyen à la marche du gouvernement; en un mot, elle sera le centre du mouvement où le législateur devra placer l'âme politique, le *foyer d'action*, s'il veut que l'édifice social se soutienne, et ne soit pas sans cesse en danger.

Je vais tâcher de développer cette idée pour la mieux faire comprendre.

Dans toutes les organisations, soit mécanique, comme une horloge; soit animale, comme un homme; soit politique, comme un gouvernement, il y a ou doit y avoir un point principal d'où part le mouvement nécessaire à la machine et à ses organes.

J'appelle ce point principal, le foyer d'action.

Dans une horloge, il semble que ce soit le poids ou le balancier; dans un homme animal, l'organe du cœur; dans un gouvernement, l'agent ou le corps politique qui commande à toutes les autres, *soit directement, soit indirectement, soit de droit, soit de fait.*

Les formes apparentes, les voiles sous lesquels cet agent principal imprime le mouvement dans certaines constitutions, le font quelquefois méconnaître, ou le cachent aux yeux peu exercés à observer. Ainsi, dans un gouvernement despotique, comme en Turquie, on croit que le mouvement vient toujours du chef, tandis qu'il part souvent de son premier ministre, de sa maîtresse, de son favori, etc. Ainsi, dans une monarchie constitutionnelle, le mouvement paraît souvent venir du Roi ou de son ministre; cependant le foyer réside ordinairement dans une des chambres, ou plutôt dans l'homme à qui la majorité de cette chambre accorde sa confiance. Ainsi, dans une république, le foyer d'action peut sembler dans la masse du peuple, qui décide de tout, et se trouver dans tel ou tel corps, dans tel ou tel office ou magistrature à qui certains attributs auront donné la faculté de diriger l'esprit du peuple par des moyens directs ou indirects, publics ou secrets.

Il faut, dans tous les gouvernemens, un foyer d'action bien déterminé, sans quoi ils sont faibles, sans consistance, nuls dans leurs rapports extérieurs et insuffisans à leur but intérieur; ou, pour mieux dire, sans lui il n'y a pas de gouvernement.

Le législateur qui est appelé à donner une constitution à un pays, doit donc apporter le plus grand soin à bien placer le foyer d'action de son gouvernement, et il doit préparer l'organisation de toutes les parties en conséquence du lieu d'où il voudra le faire agir; car le foyer d'action résulte plutôt de l'organisation même et c'est elle qui le détermine. Ce n'est point du tout un rouage ou organe particulier qui se met où l'on veut, ce n'est pas un attribut politique qui se donne par un article de la constitution; il n'y est même ni nommé ni désigné : c'est une qualité, une vertu nullement apparente dans la charte publique, jusqu'au moment où la machine se met en mouvement par les formes matérielles. Alors chaque rouage, essayant son action et ses forces, éprouve des autres une certaine résistance ou friction qui le contient ou le compresse. Il résulte de là une espèce de tâtonnement universel, qui donne à chacun la mesure de ses forces, de sa puissance, de ses attributs, et qui, au bout de peu de temps, fait céder toutes les parties à celle qui, manifestant une supériorité, découvre, en l'exerçant, le vrai principe de mouvement.

Le foyer d'action est, pour ainsi dire, l'âme politique. On se trompe si on croit qu'il doive toujours résider dans la partie la plus saillante ou la plus brillante du corps politique. Ses devoirs peuvent être parfaitement remplis par une des parties moindre en attributs éclatans ou en en pouvoir ostensible. Il peut être placé à distance du chef de l'Etat, et subordonné en apparence aux parties plus élevées. Ses fonctions peuvent être exercées loin des honneurs et des dignités, et sous des formes aussi modestes que peu attrayantes aux yeux du peuple : la grandeur du rouage où il se trouve n'est d'aucune importance; sa qualité et sa composition font tout à cet égard.

Cet article fait donc la partie la plus essentielle de la tâche du législateur; car la constitution sera bonne si le foyer d'action est pur, simple, vigoureux et éclairé. Alors tout ira bien et en mesure : l'action sera de bonne qualité, uniforme, constante et sans secousse; non-seulement elle ne dérangera aucune des parties constitutives de la machine, mais elle tendra à les unir et à les tenir en harmonie; elle imprimera à chacune le degré de mouvement requis, et elle les tiendra dans les attitudes respectives qui leur sont destinées; non-seulement elle n'en avantagera aucune aux dépens des autres, mais elle infusera sans cesse à chacune de nouvelles forces et une sage énergie pour remplir leurs fonctions; en un mot, elle se portera naturellement à consolider progressivement la constitution et l'ensemble du gouvernement.

La constitution sera mauvaise, si le foyer d'action est compliqué, faible ou mobile, susceptible de corruption; elle le sera également si l'ignorance ou l'incapacité peuvent s'en emparer.

Dans ce cas, le gouvernement n'aura aucune tenue, parce que l'action sera intermittente, d'une expansion difficile et gênée, opérant par soubresauts et d'une manière en quelque sorte capricieuse. La marche des affaires sera lente et sans vigueur; on ne pourra jamais compter sur un degré de force suffisante pour rien entreprendre de grand ou de longue exécution. On verra l'action changer de nature à mesure que son foyer changera de lieu. L'effet sera qu'elle altérera successivement chacune des institutions politiques, à mesure que dans ses déplacemens elle les trouvera en opposition ou en friction avec celui où elle reposera momentanément; ce qui finira par modifier ou dénaturer la constitution elle-même. Les malheurs seront plus grands si l'action pèche par faiblesse, parce que l'Etat tombera en langueur, sans aucune chance, que des crises mulpliées fassent au moins connaître d'où vient le mal, et les moyens de le guérir.

Enfin elle sera inexécutable et de courte durée, si elle laisse développer deux foyers d'action distincts et opposés. Dans ce troisième cas, que je regarde comme le plus dangereux, parce que la constitution, la sûreté de l'Etat, la fortune et la vie des particuliers s'y trouvent compromises, on devra s'attendre à une ou plusieurs révolutions. On peut regarder comme impossible que les deux foyers d'action agissent dans le même sens : ils ne tarderont pas à se croiser et à se rencontrer dans des directions différentes. Les passions humaines, nulle part aussi actives, aussi violentes que dans la politique, jetteront les fonctionnaires publics hors de la sphère de leurs fonctions ; elles établiront entre les deux foyers d'action une lutte qui se parera, dans le principe, des couleurs du patriotisme, mais qui bientôt dégénérera en factions.

Ce simple exposé indique assez que le foyer d'action doit résider dans la représentation active, agissante, et non dans la masse territoriale : celle-ci doit, au contraire, rester inerte, mais forte et vigoureuse, pour repousser les atteintes que l'autre pourrait vouloir lui porter ; elle doit être attentive à modérer l'empire de ces hommes habiles, ou plus souvent de l'homme de génie dans lequel se concentre ordinairement tout le pouvoir, toute la confiance de la représentation active ; elle doit le soutenir aussi long-temps qu'il ne fait servir ses lumières et son crédit qu'à l'amélioration de l'ordre social; mais, sitôt qu'il voudrait porter atteinte à la propriété, alors on verrait cette aristocratie territoriale entourée de tous ses vassaux, de tous ces habitans de la terre productive, se lever comme un colosse formidable, et en imposer à la partie active, mais vague, mais légère de la société : là s'arrêterait l'entreprise téméraire du talent contre la force; de la propriété croissante contre les propriétés acquises; des élémens de la richesse contre les richesses elles-mêmes. Lorsque Jupiter entra dans l'Olympe, dit Rivarol, tous les dieux se levèrent; le dieu Terme resta seul immobile, car rien ne doit pouvoir l'ébranler.

En parlant de la représentation territoriale, j'ai dit qu'elle était naturellement indiquée par l'étendue et l'importance de la propriété, qui ne suppose point d'élection, c'est un recensement plutôt qu'une nomination; car plus la masse de la propriété sera considérable, plus le faisceau de résistance sera robuste, plus il aura les caractères de la durée. Il n'en est point de même pour la représentation du talent et de toutes les aristocraties produites dans la société par l'emploi divers des facultés : là, il faut un choix, et ce choix ne pouvant porter uniquement sur la propriété, il faut, au moins, qu'il en dérive; il faut que les propriétaires seuls soient appelés au suffrage, et qu'il ne puisse se glisser, dans les mandataires de l'intérêt général et particulier, aucun individu, du moins qu'un bien petit nombre, qui puisse s'écarter des règles que l'intérêt doit prescrire. Ce n'est point dans les candidats qu'il faut exiger une grande propriété, mais chez les électeurs. Il arrive souvent que les gens riches donnent leur confiance aveugle, pour la gestion de leur fortune, à des gens d'affaires très-pauvres, mais très-éclairés et très-probes; il en peut être de même pour le gouvernement de l'Etat qui n'est au fait qu'une gestion des affaires générales. N'importe donc sur qui porteront les choix, s'ils partent de la partie saine, éclairée et indépendante de l'ordre social, et surtout que plusieurs scrutins différens fassent passer d'un choix de plusieurs à un moindre, jusqu'à ce qu'ils soient réduits au petit nombre qui doit être appelé dans chaque province à la représentation : alors, ni le prince, ni les sujets ne peuvent être trahis dans leur confiance, ou compromis dans leurs intérêts.

CHAPITRE IV.

De l'Autorité souveraine, ou de l'Arbitrage, principe de justice.

Le roi Evandre (dit Tite-Live) gouvernait plus par l'autorité que par le commandement: *Regebat magis auctoritate quàm imperio* (1). Ce que l'histoire entend ici par l'autorité, n'est-ce pas cette puissance légale et douce, émanée du consentement des peuples? Cette confiance dans une seule famille que nous avons choisie éternellement pour arbitre de nos destinées, ce respect des enfans pour leur père, ce sentiment de vénération qui s'augmente dans les générations à venir, parce qu'il établit entre la famille royale et les peuples une plus grande séparation comme rang, et un plus grand rapprochement comme af-

(1) Lib. Ier, p. 63. On rencontre une semblable expression dans Pline, lib. VIII, cap. 1 : *Appius et senex et cœcus tenebat non modò auctoritate, sed etiam imperium in suos.*

fection; sentimens qu'aucune jalousie ne trouble, parce qu'aucune ambition ne l'atteint; qui, semblable à l'hommage que l'on rend aux dieux, ne peut blesser jamais l'amour-propre, ni exciter l'envie; principe, en un mot, de balance et de justice entre tous.

Nous avons vu se former les intérêts des hommes par l'assurance de la propriété et des jouissances qu'elle procure; nous avons vu se diviser les richesses en propriété stable ou territoire, et en propriété mobile ou capitaux. Nous avons indiqué que ces deux natures d'intérêts devaient être représentées, l'une par le récensement des plus riches, ou l'aristocratie royale héréditaire; l'autre, par le choix des plus instruits, ou l'aristocratie populaire et élective: mais entre ces deux réunions, considérées comme individus, quel sera le modérateur, le juge, l'arbitre, car c'est l'arbitrage qui nous a conduits à simplifier ainsi les intérêts des hommes? Quel autre moyen que l'arbitrage pourra nous servir à les diriger? Qui pourra concilier le droit de conserver dans les uns, et cette ardeur d'acquérir dans les autres, si ce n'est l'autorité royale, si ce n'est une force d'opinion et de confiance au-dessus de toutes les forces, qui se sert alternativement des moyens de l'un contre les entreprises de l'autre? *Si quelqu'un,* dit l'Ecriture (1), *s'élève au-dessus d'un autre, deux réunis lui résistent; un triple lien est difficilement rompu.* Voilà tout le mécanisme social; voilà en quoi consistent toutes les combinaisons qui assurent à-la-fois la liberté des peuples, et la dignité des Etats : mais, pour exercer cet arbitrage, il faut à la royauté les moyens de se faire craindre et de se soutenir; il faut qu'elle puisse se concilier la propriété puissante par les honneurs et les récompenses, et qu'elle en impose à l'aristocratie mobile par l'éclat, la force et la prépondérance.

Ces deux grandes puissances des hommes ont des défauts à côté de leurs avantages; elles ne suivent pas toujours la ligne de leurs intérêts bien calculés. On voit souvent la première sacrifier à une ambition vague, irréfléchie, les douceurs de la vie dont elle peut jouir; on la voit adopter avec chaleur des partis, des er-

---

(1) Ecclésiast. 35.

reurs qui lui sont funestes, ou peuvent l'être à l'Etat. C'est dans son sein que sont nés les Guise et les Waldstein.

La seconde n'est pas moins accessible à des passions violentes et dangereuses. Trop souvent la jalousie l'égare; l'amour des richesses la séduit; l'appât du pouvoir l'entraîne; la royauté seule, qui n'a point de rivale, est calme, désintéressée, impartiale; elle offre tous les caractères de l'arbitrage, ceux de la supériorité, de la science et de la justice; elle domine par son indépendance, par sa supériorité, comme par la force. A ses pieds viennent se briser toutes les atteintes des autres pouvoirs; elle ne se borne pas à maintenir les intérêts des hommes, elle fait servir adroitement leurs passions au bien général, elle flatte leurs penchans généreux, elle adoucit leurs mœurs austères, elle tempère leur imagination déréglée, elle dirige en un mot les vices et les vertus vers le même but, l'accord, l'ordre et le repos : mais, pour réussir dans ce grand œuvre, il faut, comme nous l'avons dit, qu'elle soit entourée d'un grand éclat, et munie d'un grand pouvoir. Chargée, par la nature du gouvernement, de la marche des affaires, il faut que la royauté seule ait la nomination de tous les emplois civils et militaires, des tribunaux, de tous les agens diplomatiques; il faut qu'elle ait le droit de paix et de guerre, la disposition des armées de terre et de mer, et qu'elle ne puisse être arrêtée dans sa marche que sur les points principaux qui concernent la liberté particulière et la sûreté des propriétés; il faut qu'elle ait la nomination entière de la représentation territoriale, ou la chambre des pairs, qui est son appui, sa garde, le soutien de son trône, et dont le Roi est pour ainsi dire le chef, comme le plus grand propriétaire de son royaume; il faut qu'elle puisse soutenir cette aristocratie royale, dont il est rare qu'elle ait jamais rien à craindre contre les entreprises de l'aristocratie populaire, en se réservant le droit de dissoudre la représentation de celle-ci, et d'en ordonner la réélection; il faut que le Roi partage avec elle l'initiative des lois, soit en prenant ses ministres dans son sein, soit en les y faisant entrer de droit; il faut que son pouvoir royal soit inattaquable, et placé hors de toute atteinte, et que les ministres seuls, considérés comme pouvoir exécutif, puissent être passibles d'une responsabilité dont les formes seraient réglées, et dont la chambre des pairs aurait seule à connaître, comme haute-cour de justice; il faut, en un mot, que le Roi soit pour son peuple comme cet astre bienfaisant qui vivifie tout de sa chaleur, qui éclaire tout de sa lumière, et sur lequel les regards n'osent se fixer.

CHAPITRE V.

Application de ces principes au gouvernement de l'Angleterre.

Le temps, le hasard, la patience, et un certain jugement naturel dans le peuple anglais, ont contribué à créer le mécanisme admirable de son gouvernement ; phénomène politique dont on ne sentira tout le prix que lorsque la main envieuse du mieux l'aura détruit pour le perfectionner ; combinaison dont les vices même sont des moyens nécessaires à la conservation, semblable à ces humeurs qui troublent quelquefois le système du corps humain, mais sans lesquelles il ne pourrait se conserver. L'examen de cette ingénieuse composition servira à prouver la vérité des principes que nous avons énoncés, et l'heureux emploi qui en a été fait.

Ce n'est guère que vers la fin du douzième siècle, après la conquête de Guillaume-le-Conquérant, que l'Angleterre connut une apparence d'équilibre dans son gouvernement. Ce prince, en distribuant, ainsi que le font ordinairement les conquérans, une partie des terres du pays conquis aux grands de sa cour et aux guerriers distingués de son armée, créa un corps de feudataires ou barons, dont les propriétés devinrent héréditaires, et qui fut l'origine de la chambre des pairs; mais cette nouvelle nature de propriété ne put long-temps dominer l'ancienne, qui était encore en grande partie entre les mains des anciens seigneurs du régime saxon. Ceux-ci, opprimés, se liguèrent avec le peuple, et obtinrent d'abord, sous le Roi Jean, et plus tard, en 1120 sous Henri III, la fameuse charte, *magna charta*, qui faisait participer les communes à la délibération des affaires. De ce moment, la couronne, perdant son plus ferme appui dans la personne des nouveaux nobles, se trouva dans une sorte d'infériorité dont elle dut chercher constamment à sortir par tous les efforts possibles. De-là, cette tendance des Rois d'Angleterre à relever l'aristocratie vaincue, tandis qu'en France tous les efforts des Rois étaient dirigés à l'humilier. La couronne cherchait son appui dans la noblesse, contre les entreprises du peuple; et la France, au contraire, ayant une aristocratie toute puissante, ne croyait pouvoir trouver de contrepoids que dans les pouvoirs municipaux. La lutte se soutint en équilibre, en Angleterre, parce que l'excès ne pouvait jamais porter qu'en faveur de la propriété, tandis qu'en France il tendait à tomber dans la démocratie. Une lutte semblable aurait cependant causé de grands maux, si, dans l'ensemble du mouvement, toutes les forces n'avaient trouvé leurs places pour agir, et, pour ainsi dire, être à leur aise; si la propriété territoriale seule avait eu l'influence : mais, par l'heureuse combinaison dont nous avons parlé, chaque intérêt est représenté, en Angleterre, autant que la propriété ; l'ensemble du gouvernement est la véritable émanation de la communauté, et l'on trouve les trois principes dont nous avons parlé, admirablement répartis, c'est-à-dire, dans la chambre des pairs, la haute propriété ou l'aristocratie héréditaire, principe de stabilité ; dans la chambre des communes, le talent, la naissance, les propriétés industrielles, ou l'aristocratie élective, principe d'action ; enfin, dans l'autorité royale, l'arbitrage, ou le principe de justice.

La couronne a sa *prérogative*, la chambre des pairs *ses droits*, la chambre des communes *ses privilèges ;* ces trois pouvoirs semblent s'être partagé chacun les distinctions qui leur conviennent, et qui sont comme le degré relatif de leur conservation.

La prérogative, *les droits* et *le privilège* consistent chacun en un certain nombre d'attributions politiques, que le temps et la raison ont sagement réparties entr'elles : rien n'est plus admirable que la manière ingénieuse avec laquelle la part de chacun se trouve composée ; rien ne prouve mieux la perfection que la facilité et la tranquillité avec laquelle chaque Etat jouit du sien.

La chambre des pairs est le premier Etat, il a le premier rang ; il a les honneurs, l'hérédité, la magnificence, la gravité, les attributs sénatoriaux ; il est le conseil immédiat du trône auprès duquel il délibère. Le Roi lui-même y vient siéger, il semble en faire partie. C'est le domaine des grandes familles, des familles illustrées, des grands hommes qui ont rendu à l'Etat d'éclatans services. C'est une émanation du trône et une diète de petits princes indépendans par leurs titres et la transmission de leur fortune à leurs descendans, qui survit toujours par les substitutions et par l'extinction des lignes collatérales ; sa puissance s'étend sur la chambre des communes dont elle dirige en grande partie les élections, qu'elle influence souvent, et dont elle ne peut jamais être influencée.

C'est un faisceau d'aristocratie stable, fondé sur la propriété foncière; c'est, comme nous l'avons dit, le vrai principe de stabilité.

La chambre des communes est le deuxième Etat; elle est le résultat, par élection, du vœu et de la puissance des francs-tenanciers et des bourgeois, c'est-à-dire la propriété de tout genre qui participe au gouvernement autant qu'il est nécessaire pour montrer l'opinion publique, et maintenir l'indépendance du peuple, et pas plus qu'il ne le faut, pour la tranquilité intérieure. Cette chambre des communes est composée de manière à représenter tous les intérêts commerciaux, manufacturiers, capitalistes, coloniaux, et surtout les créanciers de l'Etat propriétaires de la dette publique; autre principe d'aristocratie immense qui s'achète, se vend par sommes considérables, et au moyen de laquelle les plus grands amoncellemens de la propriété peuvent se faire dans la même main, sans apparence aux yeux du public, de même que les subdivisions les plus petites, depuis le millionnaire jusqu'à l'ouvrier; c'est dans cette chambre que réside la puissance réelle; c'est là où réside *le foyer d'action* qui correspond en effet à la partie active de la société.

Le droit d'accorder les subsides, cette faculté de laisser le trésor public à sec, ou d'y verser l'abondance, la rend, en dernière analyse, maîtresse absolue des deux autres pouvoirs, qui dépendent d'elle, parce que l'argent est le nerf de tout; cette attribution politique est d'un tel poids, la puissance qu'elle donne est si redoutable, qu'il eût été absurde de lui en accorder beaucoup d'autres, et qu'il s'est trouvé même nécessaire de tenir le corps, à qui l'exercice en est confié, dans une position aussi inférieure et aussi modeste que possible vis-à-vis des deux autres pouvoirs. On a sagement pensé que, pour adoucir, pour tempérer les idées de supériorité, que ne peut manquer de donner à un corps l'usage de ce droit immense, il fallait l'assujétir aux formes les plus respectueuses vis-à-vis du trône et des pairs, et lui retracer sans cesse, dans ces formes, l'éminence apparente des premiers. On a reconnu qu'il était nécessaire de lui faire sentir directement, de lui mettre sous les yeux, que les attributs politiques plus brillans n'étaient pas de son ressort. Cette sage prévoyance a dicté le costume politique de la chambre. Point de pourpre sénatoriale, point de garde d'honneur, point de place auprès du trône, point de titres pompeux, point de prééminence dans la société, point d'honneurs accessoires dans les branches de leurs familles. Ils sont élus sur un ordre du Roi, qui demande, aux comtés ou bourgs, de lui envoyer deux représentans pour *servir dans son parlement.* Ils sont dissous à volonté; ils semblent ne posséder leurs sièges que sous le bon plaisir du Roi; ils sont mandés par un huissier à la barre de la chambre des pairs; ils s'y rendent en habits ordinaires avec leur orateur en simple robe noire ; ils s'y tiennent debout et découverts en présence du Roi et des pairs, revêtus de la pourpre, et environnés du cortège royal, dont l'enceinte leur est interdite Le Roi leur parle en souverain de son empire, de son peuple, de ses armées, de ses flottes, de ses alliés. Ils répondent en sujets soumis, fidèles et respectueux. Ils demandent humblement la permission de choisir leur orateur, et de parler librement dans leurs débats sans encourir les reproches de l'autorité ; par la modestie de leurs expressions, par la délicatesse de leurs discours, et par une brièveté circonspecte, ils semblent rendre hommage à la supériorité, à la primauté et à l'indépendance de la royauté et de la pairie. Ils semblent avoir à charge de donner à la nation l'exemple de révérence pour les premiers pouvoirs. Ces fiers représentans d'un grand peuple acquittent, sans humeur et sans répugnance, le tribut de soumission dû aux magistrats suprêmes de l'Etat ; et, rentrés dans leur salle antique, dont la simplicité s'accorde avec ces principes, ils votent une adresse de remercîmens, que l'orateur présente au Roi assis sur son trône. Mais ici commence l'exercice du privilège, et la puissance de l'action, qu'il faut étudier avec soin, parce qu'elle seule fait mouvoir tous les rouages.

La liberté des débats, assurée par la police intérieure, développe les opinions et le mérite individuel de chaque membre. La nation a réuni dans cette petite assemblée, par les élections, l'élite des hommes d'Etat ou des citoyens qui ont montré des talens dans quelques départemens politiques. Il s'y trouve de grands propriétaires fonciers, de riches négocians, de gros capitalistes; on peut dire, en général, qu'il n'est aucun des intérêts nationaux qui ne s'y trouve plus ou moins représenté, soit directement, soit indirectement. Bientôt la discussion des matières et la différence des opinions découvre les talens et en donne la mesure; elle classe aussi les hommes modestes qui, ne se sentant pas les moyens oratoires nécessaires pour prendre une part active dans les débats, se contentent d'appuyer de leur vote un des principaux orateurs. Ceux-ci se divisent, avec leurs amis ou ceux que l'estime et l'intérêt leur attachent, en trois ou quatre partis différens qui, à la fin, se résolvent en deux principaux qui essaient leurs forces en nombre et en talent. La nation attentive prononce par les papiers publics, par la presse, par diverses manières de témoigner son opinion, la confiance que méritent ceux à qui sont remis ses plus chers intérêts. Chaque chef de parti devient l'objet de l'attention générale : on pèse ses connaissances, ses vertus, son intégrité, sa capacité, la grandeur et la justesse de ses vues, son patriotisme et son amour pour la constitution. Ces chefs d'opinion deviennent ceux de la chambre, et c'est par eux seuls qu'elle veut se laisser conduire dans la direction des affaires d'Etat qui lui sont soumises. Ce sont eux que la chambre, par ses suffrages, indique tacitement au Roi comme les plus propres à remplir les places du ministère. C'est celui qu'une majorité décidée porte au premier rang, que la voie publique et générale proclame premier ministre. Vainement le Roi voudrait-il se refuser à confirmer, par son adoption, le choix de la chambre et du peuple ; il ne retirerait de son dissentiment que déplaisir et mortification. L'administration qu'il aurait choisie en contradiction du vœu national se verrait combattue, censurée, contrariée dans toutes ses mesures ; aucune loi ne passerait, et enfin les subsides seraient refusés, parce que la majorité de la chambre, mécontente et sans confiance dans le ministère, userait impitoyablement de son privilège, dont l'effet est de forcer ultimativement le Roi à faire premier ministre le chef de la majorité. Celui-ci, porté au premier poste de l'Etat par ses collègues, rassemble autour de lui les principaux de son parti ou de ceux qui marchent dans la même ligne. Ils se distribuent entr'eux les différentes branches du ministère, suivant leurs inclinations et le genre de leurs talens. Cela forme une administration homogène de personnes capables, liées ensemble par une espèce de foi politique qu'on les voit rarement violer.

Le ministre, ainsi produit par la chambre des communes, gouverne l'Etat au nom du Roi : il est secondé, dans tout ce qu'il propose, par la majorité de la chambre, et combattu par la minorité qui devient parti de l'opposition. Les membres qui composent cette minorité sont ceux qui ne rendent pas le même hommage aux talens des hommes que la majorité a portés au ministère. Ils auraient voulu y placer les principaux d'entr'eux, et former une autre administration différemment composée : mais, n'étant pas en nombre suffisant, leur rôle devient celui de censeurs et de critiques des mesures du ministère. Leur occupation journalière est de les analyser, de les blâmer, d'en montrer la faiblesse ou la mauvaise tendance, et de persuader à la chambre ou au peuple que l'Etat serait mieux gouverné par eux. Comme toutes les lois doivent subir un certain nombre de discussions et d'examens, ces deux sections exercent tous les jours leurs forces, et sont, par leur nombre respectif, le thermomètre de la popularité du ministère. Cette popularité peut se maintenir à un point fixe ; elle peut aussi augmenter ou diminuer. Il faut, pour que le gouvernement soit assuré, et qu'il ait une dose suffisante d'énergie, que le ministère réunisse au moins les deux tiers des voix dans les délibérations, et cela constamment : alors il peut agir librement et entreprendre de grandes choses ; alors il peut se livrer à son génie, sans craindre d'être arrêté dans sa marche ou dans la suite de ses vues. Une simple majorité de quelques voix ne suffit pas : le gouvernement serait vacillant et incertain ; la chambre serait trop divisée d'opinion sur le mérite de ses chefs ; le moindre revers, un accident imprévu donnerait la majorité à l'opposition ; le ministère tomberait en minorité, le gouvernement en faiblesse et nullité. Cette division de la chambre des communes en deux sections presque égales est fort embarrassante pour le Roi ; elle est nuisible au gouvernement, parce qu'il éprouve une opposition trop forte qu'il ne peut pas assez facilement refouler. Il est rare qu'elle dure long-temps ; il s'opère bientôt, soit par le moyen des grâces dont le Roi peut disposer, soit par des arrangemens particuliers entre les chefs, des coalitions qui divisent les partis en plusieurs branches, et au moyen desquelles le Roi peut recomposer un nouveau ministère soutenu d'une majorité plus considérable. Mais, si cette recomposition ne se faisait pas, il ne resterait au Roi d'autre parti que de dissoudre le parlement, et d'en appeler au peuple par de nouvelles élections. Le peuple élirait les amis de l'homme le plus populaire, et lui donnerait par là une majorité qui retirerait le Roi d'embarras, en déterminant son choix.

Mais lorsqu'environ les deux tiers de la chambre ont porté au ministère, par leur adhérence, une administration dont les chefs sont pris dans son sein, ils l'appuient de toutes les forces de leur éloquence, et l'aident à soutenir les attaques journalières du parti de l'opposition, qui, attaché à d'autres chefs, examine, à son tour, sévèrement tous les projets de la loi présentés par les ministres. C'est un principe presque reconnu, qu'à moins de dangers imminens pour la patrie, il faut empêcher un mauvais ministre de faire de bonnes choses. L'objet principal de l'opposition est donc de prouver que l'Etat est mal gouverné, et de porter cette conviction dans les esprits des membres attachés au ministère, pour les tirer de son parti; s'ils y parviennent à la suite d'une lutte obstinée, la désertion commence, et on voit le côté ministériel diminuer en nombre. La nation, qui suit attentivement les débats publics, exprime aussi son opinion par les journaux et par la presse ; la popularité du ministère s'affaiblit à mesure que la sagacité et la supériorité des orateurs adverses éclaire sur ses erreurs, sur ses fautes, et sur les conséquences dangereuses de ses plans ; les rangs de l'opposition se grossissent ; on se détrompe sur les talens qu'on avait crus au ministère ; il se voit abandonné, et tombe insensiblement en minorité.

Les provinces ne sont point étrangères à ce mouvement ; et la faculté qu'elles ont de présenter des remontrances au parlement, connues sous le nom de *droit de pétition*, leur donne une intervention indirecte dans les débats. Ces pétitions doivent être envoyées aux députés de chaque comté, et ne peuvent être présentées à la chambre que par eux ; s'ils se refusaient à le faire, ou s'ils continuaient après cela à voter dans le sens du ministère, ils ne seraient plus jamais réélus dans leur province, et ils y seraient mal reçus à leur retour. Cette circonstance est d'un poids immense dans les affaires, et son action n'a pas été assez examinée.

Le Roi et son conseil privé sont également

attentifs à ce mouvement de l'opinion; le Roi ne congédie pas ses ministres légèrement; mais lorsqu'enfin il lui a été démontré qu'ils ont perdu la confiance nationale, et lorsqu'une autre réunion d'hommes habiles s'en est emparé, il se rend au vœu prononcé, il renvoie la totalité de son cabinet, et il en forme un nouveau, composé des chefs de l'opposition; le parti de ceux-ci devient alors le parti ministériel; l'ancien parti ministériel, réduit à ses chefs et à ceux qui persistent dans leur attachement pour eux, devient parti d'opposition, et ne continue pas moins de siéger dans la chambre; avantage énorme pour la nation et pour le Roi : pour la nation, si la faveur ou la corruption a trop contribué à la formation de la nouvelle majorité; pour le Roi, si quelqu'intrigue ou quelques erreurs d'opinion l'a forcé de changer ses conseils, et que le nouveau parti veuille porter atteinte à la prérogative royale. Dans ce dernier cas, l'ancien ministère reste, sur les bancs de l'opposition, l'appui ferme et inébranlable de la couronne; tandis que, dans tout autre pays, le ministre disgracié, ou souvent sacrifié à l'opinion populaire, disparaît, et n'est plus utile à son prince, ni par ses lumières, ni par son crédit.

Cet équilibre de force, toujours en balance, empêche qu'il n'y ait jamais de révolution en Angleterre, parce qu'entre le parti du Roi et celui du parlement, il n'y a jamais de victoire complète ni de défaite absolue : l'un ou l'autre ne perdent que le nombre de voix suffisant pour établir une majorité ; mais ils conservent le gros de leur armée, que chacun a la chance de recruter un jour.

Remarquons bien ici que le changement de ministère s'opère entièrement par la chambre des communes, et ne peut s'opérer autrement. C'est elle qui a indiqué au Roi le ministre précédent, et c'est elle encore qui détermine le nouveau. C'est toujours la majorité de la chambre qui agit, quoique composée en partie d'individus différens.

Il n'est donc pas exact de dire que le ministère a toujours la majorité, puisque, si le Roi voulait, par fantaisie, prendre pour ministres des hommes désagréables à la chambre, ils y seraient en minorité, et qu'aucune loi ne serait faite; mais il est très-vrai de dire que

6*

c'est toujours la majorité qui fait les ministres; et il est incontestable que le foyer d'action de la monarchie anglaise est produit par la chambre des communes, et y réside.

Pour rendre cette vérité plus frappante, il faut suivre ses débats en oubliant que quelques-uns de ses membres sont agens du pouvoir exécutif. Qu'y voyons-nous? des représentans du peuple qui font des motions, qui proposent des arrêtés ou des projets de loi, etc., etc., et qui les discutent entr'eux. Les uns sont adoptés, les autres rejetés. Le Roi a consenti à prendre pour ministres ceux dont les avis sont toujours adoptés. Voilà tout. Car ce n'est pas comme ministre que personne parle dans la chambre, c'est comme l'élu de tel ou tel comté, de tel ou tel bourg. Or, quel est le pouvoir qui les a fait ministres, et qui les conserve au ministère? la grande majorité des députés des comtés ou des bourgs d'Angleterre, qui disent tous les jours au Roi, par leurs votes, qu'ils sont les meilleurs hommes d'Etat de son royaume.

Mais où sera donc l'autorité du Roi, puisque, d'une part, elle est soumise à une aristocratie héréditaire et toute puissante, dans la chambre des pairs; et, d'une autre, à une réunion d'hommes entreprenans et libres, doués de tous les talens, souvent ambitieux, et toujours soutenus par l'opinion publique? Eh bien! telle est la combinaison heureuse de ce gouvernement, que, de droit, le Roi y est aussi puissant qu'aucun souverain; et que, de fait, il l'est beaucoup plus. Son pouvoir consiste dans une seule condescendance, celle de prendre pour ministre celui qui a la majorité dans la chambre des communes, et sa sûreté en faveur ou contre ce ministre, dans un seul attribut de la prérogative royale, qui se trouve admirablement placée près de la couronne, comme sa sauvegarde et son appui; cet attribut est le droit de dissoudre le parlement, d'ordonner une nouvelle élection, et d'en appeler ainsi au jugement des hommes éclairés et bien intentionnés sur les dangers que court la Couronne et l'Etat. Je citerai, à l'appui de cette circonstance, ce qui arriva en Angleterre en 1783.

Quelque temps après la paix générale qui assura l'indépendance de l'Amérique septentrionale, la chambre des communes se trouva divisée en trois partis différens. Les deux principaux étaient celui de lord North, qui avait conseillé et soutenu la guerre contre les colonies; et celui de M. Fox, qui s'y était opposé avec violence. Aucun de ces deux partis n'était assez nombreux pour former une administration; ils se coalisèrent, malgré l'extrême dissidence de leurs opinions sur cette guerre malheureuse. Le désir d'entrer au ministère leur fit oublier l'excessive âcreté avec laquelle ils s'étaient réciproquement accusés et déchirés. La nation vit, avec déplaisir, une réunion aussi monstrueuse; on ne pouvait croire que la réconciliation fût dans les cœurs, et que l'estime eût succédé si rapidement au mépris et à la haîne. On ne manqua pas de l'attribuer à des motifs d'intérêt personnel, surtout de la part de M. Fox et de M. Burke, qui, étant chefs de l'ancien parti Wigh, avaient professé les principes les plus libéraux, et qui s'alliaient alors à ceux qu'ils avaient accusé de soutenir, par la force des armes, une doctrine d'oppression et d'asservissement. Cependant la coalition se fit; et ces deux partis réunis entraînèrent la très-grande majorité de la chambre. Le Roi ne put refuser à y prendre son ministère; mais ce fut à regret qu'il se soumit à cette mesure. Il avait approuvé la guerre d'Amérique, surtout lorsque les premiers succès des insurgens lui avaient fait entrevoir la possibilité du démembrement d'une portion immense de son empire. MM. Fox, Burke, et leurs amis s'y étaient opposés avec chaleur, et ne l'avaient pas ménagé dans leurs discours. Il les recut donc avec peine dans son cabinet; mais il prouva, en les y admettant, que la couronne doit céder à la majorité des communes. Ce nouveau ministère, que la nation ne voyait pas sans inquiétude, ne fut pas d'une longue durée. Il chercha à se consolider et à augmenter son pouvoir; il proposa entr'autres le fameux bill de l'Inde, qui avait pour résultat de confier le gouvernement de cette moitié de l'empire anglais à une commission de la chambre nommée pour dix ans. Le patronage immense attaché à cette administration aurait donné à ses directeurs une influence considérable indépendante de la couronne et du parlement; influence monstrueuse qui eût balancé celle qui est accordée au Roi par la prérogative.

M. Pitt, chef de la minorité, c'est-à-dire de l'opposition, combattit le bill de toutes ses forces : il en développa la tendance destructive de cet équilibre que les Anglais conservent avec tant de soin entre les pouvoirs fondamentaux de leur constitution. Son courage, sa jeunesse, ses talens, et l'appel qu'il fit, pour ainsi dire, à la nation, eurent un grand effet. Il prouva qu'une pareille puissance était d'une nature tout-à-fait étrangère aux attributions politiques du deuxième état; il montra la prérogative en danger, et par conséquent la couronne; il cria, pour ainsi dire, au secours, et il donna à l'opinion publique un essor qui couvrit le ministère de défaveur et de blâme; mais M. Pitt était en minorité, et ses efforts furent sans effet. Le bill passa. Porté à la chambre des pairs, il éprouva un sort contraire; il fut rejeté. Le ministère avait bien son parti dans cette chambre; mais beaucoup de membres cédèrent au devoirs plus impérieux de défendre la couronne. Conservateurs nés du trône, ils sentaient trop bien qu'une brèche faite à ses fortifications pouvait devenir une porte d'envahissement, et une source de dissensions civiles. Ce ne fut cependant pas sans peine que le Roi obtint la majorité de cette chambre pour le rejet du bill.

Cet évènement fut donc une vraie défaite pour le ministère; mais il fut battu sans avoir perdu son armée. Il perdit de la confiance publique tout en conservant sa majorité par la fidélité que l'on garde encore aux personnes en Angleterre, lors même que l'on désapprouve leur gestion.

Ce fut alors que le Roi, voyant la défaveur devenue générale, se livra à son jugement personnel, renvoya tout son ministère, et jeta dans le parti de l'opposition tout le poids que les différens attributs, composant la prérogative, peuvent lui donner.

M. Pitt fut nommé chancelier de l'échiquier, et ses amis entrèrent avec lui dans le cabinet, quoique en minorité dans les deux chambres. C'était un spectacle nouveau pour les Anglais. La coalition, expulsée arbitrairement du ministère, devint dès ce moment opposition, et attaqua les nouveaux ministres, avec une violence proportionnée à l'affront qu'elle venait d'essuyer. Ses orateurs montrèrent une éloquence supérieure, et ne furent jamais plus grands qu'en développant la vraie théorie de la partie non écrite de la constitution anglaise; ils dévoilèrent le mécanisme de ses ressorts, et établirent la fonction essentielle de la chambre, de donner au Roi ses ministres. Ils accusèrent M. Pitt d'avoir violé le cabinet de sa Majesté, d'avoir porté un coup de poignard aux communes, en s'emparant du ministère, malgré la majorité; ils déclarèrent son accession inconstitutionnelle, et prirent à cet effet des arrêtés motivés, qui devenaient ceux de la chambre même, puisque c'étaient ceux de la majorité. Ainsi c'était la chambre des communes mécontente, et en guerre ouverte avec le pouvoir exécutif. Plusieurs fois elle présenta au Roi des remontrances vigoureuses, lui déclarant que ses ministres n'avaient pas la confiance nationale, et le priant de les renvoyer. Le Roi fut inébranlable.

M. Pitt et le ministère furent six semaines en minorité : tout ce qu'ils proposaient était rejeté; mais le bill pour la solde des troupes étant passé, le service courant se trouvant assuré, le gouvernement ne fut point arrêté, et il n'éprouva aucune secousse fâcheuses : cependant cet état de discorde ne pouvait durer long-temps.

Je dois fixer ici l'attention de mes lecteurs sur cette époque intéressante de l'histoire, et sur la nature de l'attribut de la royauté anglaise, dont nous avons parlé, qui est totalement méconnue en France. On aurait pu croire la royauté en péril dans une crise aussi prononcée; et certainement sans le droit attribué par la constitution, à la couronne, de dissoudre à volonté la chambre des communes, il est difficile d'imaginer l'issue qu'elle aurait eue.

Le corps le plus essentiellement robuste de l'état était en opposition avec le gouvernement, et menaçait de le tenir immobile, en paralysant le foyer d'action, lorsque le Roi, usant de sa prérogative, en prononça la dissolution. Il cessa d'exister. En même temps de nouvelles élections furent ordonnées; et partout le peuple fut appelé, par la royauté, à prononcer lui-même sur la querelle de ses grands magistrats. Le Roi, par là, disait au peuple : Vous voyez la dissidence qui s'est établie entre vos représentans et moi : ils veulent que M. Fox et ses amis soient ministres ; je prétends qu'ils ne peuvent point avoir ma confiance, et j'ai cru remplir le vœu national, en choisissant mes serviteurs dans l'opposition : prononcez ; les partisans de l'un et de l'autre sont connus : élisez ceux que vous trouverez les plus dignes. Le peuple ne balança pas ; le Roi avait bien jugé ; la coalition était ruinée. Les amis des ministres furent préférés : la nouvelle chambre des communes lui donna la majorité. Il s'y trouva quatre-vingts hommes nouveaux qui n'avaient paru dans aucun parlement, et qui durent leur élection à leurs sentimens favorables au ministère. Ce fut cette chambre recomposée, et où l'opinion de la nation se manifesta, qui donna véritablement le ministère à M. Pitt ; ce fut l'action de la communauté qui se montra dans toute sa force et par toutes ses ramifications ; avant cela, le choix du Roi, en apparence décisif, n'était en effet qu'un essai provisoire, ou une tentative par laquelle il cherchait à se soustraire à une administration déplaisante et usurpatrice.

Il est évident que si le Roi se fût trompé, et eût mal jugé l'esprit public; si l'administration de lord North et de M. Fox eût été aussi populaire qu'elle prétendait l'être, ses partisans l'auraient emporté dans les élections, et eussent eu dans la nouvelle chambre à peu près la même majorité que dans la précédente. Le Roi alors n'aurait pu éviter de rendre le ministère à ceux pour qui le peuple se serait prononcé d'une manière incontestable.

Cette anecdote politique démontre, mieux qu'aucun autre exemple, que le foyer d'action réside essentiellement dans la chambre des communes; mais que le Roi peut se mettre au-dessus : elle prouve en même temps que la prérogative a un tel poids, qu'elle semble rendre, en quelque sorte, la royauté supérieure au foyer d'action, puisqu'elle peut le faire évanouir d'un souffle. On se croirait peut-être même autorisé à dire que la couronne est foyer d'action, puisqu'elle possède une attribution destructive, à volonté, du corps qui en possède l'exercice.

Mais lorsqu'on examine avec attention jusqu'où peut s'étendre ce droit, on voit que, bien loin d'invalider le foyer d'action, il ne sert qu'à l'épurer, quand il en est besoin : il ne peut mener le Roi à aucun autre résultat, s'il n'est point soutenu par la volonté du peuple.

Nous venons d'indiquer la force que donne au Roi la prérogative, qui le rend de droit aussi puissant qu'aucun souverain. Nous allons voir comment, de fait, il l'est davantage.

En quoi consiste la puissance d'un gouvernement? N'est-ce pas dans la disposition libre, et même capricieuse, des personnes et des choses; dans la domination sur tous les intérêts, sur toutes les volontés individuelles? Or, le gouvernement anglais, pris collectivement, c'est-à-dire, composé du Roi, de la chambre des pairs et de celle des communes, n'est-il pas maître absolu des biens et des personnes? ne suspend-il pas à son gré l'acte d'*habeas corpus*, ce palladium de la liberté? ne met-il pas les impôts les plus onéreux, les plus bizarres, sans opposition, sans résistance? n'ordonne-t-il pas la presse des matelots, l'armement et le départ des milices? ne vient-il pas de conduire une guerre dangereuse avec une opiniâtreté, une persévérance, une suite de sacrifices qu'aucun souverain n'aurait obtenus de ses peuples? S'il en est ainsi, et que le Roi ait, par son influence, obtenu de pareils résultats, n'est-il pas en effet le plus puissant des monarques? Or, en examinant la composition des deux chambres, on peut se convaincre de l'influence qu'y exerce la couronne.

La chambre des pairs, par la nature des individus qui la composent, les rapports qu'ils ont sans cesse avec la cour, les faveurs qu'ils peuvent en recevoir, le besoin qu'ils ont d'elle pour l'avancement de leurs enfans, pour l'illustration de leur famille, assure au Roi la majorité dans cette chambre. Mais ce qui la lui assure encore plus, est le droit d'y renforcer son autorité par la nomination à volonté de nouveaux lords pris parmi les personnages les plus influens de l'Etat; par la nomination du chancelier qui la préside; par les grands officiers de la cour, qui en font partie. Maître une fois de cette chambre, il acquiert facilement, par elle, la majorité dans la chambre des communes; et il suffit de connaître le mode d'élection en usage pour s'en convaincre.

Les élections, en Angleterre, sont de deux natures; celles qui ont lieu pour les représentations des grands comtés, et celles qui proviennent de simples bourgs, et souvent de hameaux connus sous le nom de *Botten Borough*. La disproportion entre ces deux sortes d'élections vient d'anciens droits concédés par les monarques, et souvent par les grands seigneurs, à ces bourgs, et que l'on a cru devoir conserver avec une sorte de respect, de crainte de troubler un ordre de choses établi. Il est même facile de juger, malgré les bonnes raisons que donnent les partisans de la réforme parlementaire, qu'un changement dans ce mode de représentation aurait de graves inconvéniens. Ces deux sortes d'élections se trouvent indirectement sous l'influence royale. Les premières, celles des comtés, appartiennent ordinairement aux principaux seigneurs de la chambre des pairs par l'influence du patronage, des relations de voisinage, et ce caractère de franchise que les Anglais savent si bien établir avec leurs inférieurs, et qu'ils ont surtout soin de conserver avec les francs-tenanciers. Souvent deux voisins se contestent une élection, et dépensent beaucoup d'argent pour y réussir; mais le choix porte toujours sur un individu à la dévotion de l'un ou de l'autre. Les seigneurs en disposent pour leurs enfans, leurs parens ou quelques hommes distingués avec lesquels ils se trouvent en rapports intimes, et qui votent dans leurs opinions. Les élections des bourgs se vendent, et assez chères pour que des gens sans fortune ne puissent s'en emparer, et pas assez cependant pour que la couronne ne parvienne à en disposer pour placer les ministres ou gens à talent dont elle veut se servir.

Ainsi, directement ou indirectement, la couronne réunit une grande partie des votes et des élections : elle influe surtout par cette quantité de faveurs qu'elle peut accorder, par la multitude de places *sine curâ*, dont elle dispose dans la métropole et dans les colonies des Deux-Mondes; elle est donc en dernier ressort maîtresse du gouvernement en masse.

Les questions qui s'agitent dans le sein de cette représentation homogène, n'éprouvent qu'une opposition de paroles : elles servent de thème pour le développement des talens; elles éclairent à-la-fois sur le sujet et sur les individus ; elles font connaître au Roi et à l'opinion la vérité sur les hommes et les choses ; elles évitent au peuple la servitude, au Roi la rébellion. Qu'on compare à cet état puissant et heureux celui d'un souverain qui aurait brisé tout intermédiaire entre lui et la masse de son peuple, qui serait de droit et de fait despote, qui aurait abattu, comme Tarquin, toutes les existences qui dépassaient les autres, cet individu me paraîtrait plus à plaindre encore qu'à blâmer. En effet, le despotisme n'est autre chose que le pouvoir absolu, et n'a rien en lui de choquant; c'est la tyrannie qui est odieuse, parce qu'elle est l'abus du despotisme, ou l'effet de l'impuissance d'y parvenir. L'autre est un état fait, un système connu, sous lequel certains peuples ont vécu et vivent encore heureux; mais s'il en est ainsi pour eux, il ne l'est pas pour l'être privilégié qui exerce sur eux sa triste domination, *qui regit imperio populos.* Je ne me figure pas d'existence plus triste que celle d'un homme qui doit tout ordonner, tout craindre, tout prévoir, sans lequel rien ne peut se faire; que tous les ministres tremblans consultent sur la moindre affaire; qui, par cette responsabilité, étouffe les talens et les volontés; qui doit arrêter lui-même toutes les dépenses, approuver toutes les mesures, signer les plus petites nominations; qui, après avoir entendu les rapports de plusieurs polices, doit passer d'une revue à un conseil, d'un conseil à des audiences; qui est accablé de toutes les demandes, en proie à tous les mécontentemens, et qui n'a pas un instant pour se faire aimer, ou jouir de son pouvoir. Qu'on compare à cette existence lourde, pénible, tourmentée et au-dessus des forces humaines, celle du Roi d'Angleterre : entouré de tous les hommages; distribuant toutes les grâces, toutes les places; ne prenant des affaires que la haute direction, que ce qui est décent et convenable à la Majesté Royale; instruit de la conduite de ses ministres par l'opposition, qui cherche à les remplacer; tranquille ainsi sur le mal qu'il peut à l'instant réparer, et jouissant pleinement du bien dont il a toujours en définitif le mérite et la gloire. Certes, un souverain, dans cette situation, n'a rien à envier à aucun autre, surtout lorsqu'il a encore la douce pensée que l'étendue de son pouvoir est la mesure du bonheur de son peuple, puisqu'il est le signe qu'il n'éprouve ni opposition ni mécontentement.

CHAPITRE VI.

Application des mêmes principes au Gouvernement de la France.

J'AI cherché à prouver, dans les commencemens de cet écrit, que la jouissance et la conservation de la propriété sont le principe et la conséquence de l'ordre social, que cet ordre est plus ou moins assuré, en raison de l'influence qu'y exerce la propriété. Je vais montrer à présent combien ces principes ont été méconnus de tout temps en France; je ferai voir que, depuis six siècles, tout a tendu à diminuer, partager, détruire l'aristocratie dans ce pays, tandis que tout contribuait à la fortifier en Angleterre; que les différentes constitutions données à la France depuis vingt ans ont toutes augmenté ses maux, parce qu'aucune n'admettait la propriété pour base des élections, et qu'aujourd'hui même quelque bonne que soit la charte constitutionnelle, elle ne remplira pas son but, si elle ne tend, par les lois organiques, les substitutions et par l'hérédité de la pairie dans les familles riches, à recomposer promptement une aristocratie foncière imposante, et à donner, d'un autre côté, à l'aristocratie mobile un développement, un jeu, une action qui soit d'accord avec son mouvement, et qui attire tous ses efforts vers un centre qu'on puisse tempérer et conduire.

Un examen rapide de la marche des institutions, en France, servira à prouver cet argument.

La France fut long-temps soumise, ainsi que les autres contrées de l'Europe, au régime féodal, et à une sorte de gouvernement fédératif des grands vassaux; les Rois n'étaient que les premiers entre les pairs, *primi inter pares*. Cette aristocratie, trop puissante, détrôna deux fois ses maîtres, et imprima dans la famille royale un sentiment si profond de sa force, que tous les efforts des princes de la troisième race durent être dirigés à échapper au malheur des deux premières. De là, cette tendance de la couronne à abaisser ceux qu'elle regardait comme des rivaux, et à favoriser le progrès des lumières dans les classes secondaires. Les Rois le firent d'abord par bienfaisance, et ensuite par politique; ils firent naître de ces classes, nulles jusqu'alors, une sorte d'opposition à l'aristocratie des seigneurs, en leur reconnaissant un droit civil, et leur permettant de se nommer des maires, des échevins, des syndics. Différentes circonstances furent favorables à ce plan, et contribuèrent à le faire réussir. D'une part, les croisades apportèrent un grand changement dans les mœurs et dans la répartition des richesses. Les nobles furent obligés d'aliéner une partie de leurs biens, et d'affranchir beaucoup de leurs vassaux; le commerce commença à élever une nouvelle aristocratie, et à créer une nouvelle nature de propriétaires. Lorsque Jacques Cœur couvrit les mers de ses vaisseaux, qu'il établit partout la puissance du crédit, et fut choisi par son souverain pour être chargé de sa confiance, les grandes existences héréditaires durent connaître que le talent est une puissance, comme le courage et la faveur; ils durent penser que celui-là devient noble qui réunit autant que la noblesse de patronage, par ses bienfaits;

d'influence par son crédit ; et que l'aristocratie de la naissance n'est, en elle-même, qu'un simple avantage, comme la figure, l'esprit et les talens, s'il n'est soutenu par la fortune. C'est surtout pendant le règne de Louis XI, que l'on vit diminuer la puissance de la noblesse. Les guerres de religion qui suivirent, et qui furent soutenues principalement par l'influence des grands seigneurs, l'ambition des Guises et de quelques autres, multiplièrent contre eux les efforts des monarques ; et vers la fin du règne de Louis XIV, les grandes existences qui avaient échappé à la jalousie du cardinal de Richelieu, ne trouvèrent de salut qu'autour du trône, dont elles se bornèrent à relever l'éclat. Il est assez curieux de comparer l'existence d'un seigneur de la cour de Louis XV, poursuivi jusqu'à Versailles par ses créanciers, et obligé d'obtenir un arrêt de surséance pour s'y soustraire, à côté d'un simple abbé de Retz, qui ne paraissait jamais en public que suivi de deux cents gentilshommes de sa dépendance ; ou un duc d'Epernon, petit-fils d'un notaire, qui donnait asile chez lui à la reine-mère. L'existence de la petite noblesse de province était encore plus fausse ; n'ayant plus la ressource de faire partie du patronage, ou du moins de la société des grands seigneurs, elle montrait à jour sa pauvreté ; son seul moyen d'exister avec honneur était de suivre la carrière des armes, qui présentait en temps de paix peu de ressources ou de considération.

Cette diminution d'éclat et de dignité dans les personnes d'un haut rang, dans ces intermédiaires naturels entre le souverain et le peuple, était d'autant plus contraire à l'ordre général de la société, qu'à côté d'eux s'élevait une aristocratie bourgeoise produite par le commerce, les arts et l'industrie, qui, ne pouvant acquérir les prérogatives de la noblesse, de même que celle-ci ne pouvait participer à sa fortune, formait une opposition qui tournait au détriment et à la déconsidération de toutes les deux. La noblesse, renonçant au faste pour avoir le luxe, et entrant ainsi en lice avec l'industrie qui le procure, sans vouloir se servir des mêmes armes, se ruinait, tandis que la bourgeoisie, achetant les terres des seigneurs sans pouvoir acquérir leur considération, se donnait un ridicule; et ces deux classes d'individus, au lieu de se rapprocher pour leurs intérêts communs, s'établissait dans une guerre d'amour-propre perpétuelle qui n'a pas été une des moindres causes de la révolution.

Sans doute il s'opérait quelquefois entre eux une réunion par le mariage des filles de gens riches avec des grands seigneurs; mais la masse de lumières et de richesse, s'augmentant davantage en proportion dans la classe secondaire, produisait une impulsion démocratique. Le moyen de combattre cette tendance dangereuse aurait été peut-être d'augmenter beaucoup le nombre des ducs et pairs, d'en former une sorte de chambre haute, à laquelle on eût décerné les plus grandes prérogatives, de détruire, parmi les gentilshommes, le préjugé qui les empêchait de se livrer aux spéculations commerciales, ou du moins, d'élever franchement à la noblesse les hommes riches, recommandables par leur probité et leur considération; alors, il se serait composé, comme en Angleterre, une aristocratie fixe, imposante, contre laquelle les passions, la jalousie, la cupidité de l'aristocratie mobile auraient échoué.

Nous allons examiner actuellement en quoi consistait, en France, cette aristocratie mobile.

Il semble que l'esprit français ait été, de tout temps, plus propre à l'administration intérieure, partielle ou municipale, qu'à la direction d'intérêts généraux, soit que la passion, qui nécessairement se mêle aux grands intérêts, entraînât des factions et des révoltes, tandis qu'elle ne se manifestait pas autant dans le courant des affaires ordinaires, soit que l'autorité n'ait pas voulu se plier à ce mouvement, à ce flux et reflux qui ont lieu dans de grandes assemblées.

Dès les premiers temps, les Gaulois se gouvernaient par assemblées de cités, indépendantes les unes des autres, et ne se réunissaient point en assemblée générale. Les Romains conservèrent ce système; mais ils l'assujétirent à des formes particulières. Les peuples du Nord ajoutèrent à ces attributions celle de représenter l'Etat dans un gouvernement central; et, accordant cette prérogative aux cités, ils crurent pouvoir diminuer quelque chose de leurs droits particuliers.

Les municipalités tombèrent en désuétude sous la deuxième race ; elles furent pendant près de deux siècles avant de se relever, et ce ne fut que sous le règne de Louis-le-Gros qu'elles reprirent de la consistance : alors l'affranchissement des classes secondaires composa un troisième ordre, qui se joignit à la noblesse et au clergé, et servit d'appui à l'autorité royale. Alors aussi les municipaux rendirent des jugemens, sujets il est vrai à appel dans les placités inférieures, mais souverains dans les états-généraux. Le duc ou le comte y paraissait avec douze échevins de la ville qu'il gouvernait ; parmi ces échevins, on choisissait les plus capables, qui faisaient les rapports à l'assemblée. On sent combien cette représentation était imparfaite, puisqu'elle manquait de balance et de contre-poids. Bientôt même elle cessa d'avoir lieu.

Les états-généraux ne furent plus convoqués, et à leur place parurent les parlemens, ou le corps de la magistrature simple qui s'attribua le droit, sous le nom de remontrances, d'intervenir dans les affaires publiques, réunissant ainsi l'autorité judiciaire et le pouvoir législatif. C'était un nouvel ordre dans l'Etat, qui s'élevait à côté des autres sans participer de leur attribution, ni de leurs devoirs; égalant la noblesse par sa richesse, et surpassant le tiers-état par ses lumières. C'était une fausse aristocratie, n'ayant point de place marquée, ni de droit établi : c'était un foyer d'action qui paralysait le véritable. Une coutume, car on ne connaissait point de loi à cet égard, avait établi que les édits du Roi relatifs aux impôts devaient être enregistrés au parlement pour être mis en vigueur. La puissance de cette prérogative dont nous avons démontré l'importance à l'article précédent, se trouvait ainsi placée entre les mains de treize grandes autorités, ne communiquant point entre elles, et agissant chacune par leur seule impulsion. Ainsi, l'on voyait souvent l'une accepter, l'autre refuser pour ce qui la concernait. Au lieu d'une seule assemblée qui, dans les Etats représentatifs, peut quelquefois s'opposer aux vues du gouvernement, il y en avait ici treize. La composition de ces corps perpétuait en eux l'esprit d'opposition et d'indépendance. Eloignés de la cour, ils ne pouvaient être adoucis par elle; inhabiles à occuper d'autres emplois que ceux de leurs charges, ils ne pouvaient être atteints par l'ambition, ni séduits par la faveur; réduits à chercher la considération dans leurs provinces, ils croyaient la trouver sur-tout dans l'opposition à la cour. Cette situation ne changeait point parmi eux comme dans une assemblée élective; elle se perpétuait au contraire dans les remplacemens, qui ne se faisaient jamais que par leur propre choix, et moyennant une finance. Il ne serait donc pas extraordinaire de dire, que les parlemens, ainsi qu'ils étaient organisés autrefois de droit ou de fait, formaient une opposition plus redoutable à la Couronne qu'aucune assemblée représentative, qu'une autorité constituée quelconque, ou plutôt formait une opposition si ramifiée, si divergente, qu'il était impossible de la rallier et de la contenir. Le Roi, sans doute, tenait des lits de justice où il forçait à l'enregistrement; mais, alors, les parlemens pouvaient entraver la perception et susciter l'opinion contre les mesures, et les paralyser

Qu'on compare à cette action sourde et multipliée, la résistance simple du parti de l'opposition en Angleterre, qui n'est jamais à craindre tant qu'il est en minorité, et qui cesse d'être opposition sitôt qu'il a la majorité, puisqu'alors on l'appelle au ministère. L'administration provinciale des pays d'États, et l'administration de la justice par les parlemens, était un modèle de sagesse, tandis que ces mêmes corporations avaient de grands inconvéniens, considérées comme autorités politiques. Cet état de choses dura jusqu'à ce que les parlemens, ne voulant pas se charger de la destruction de la monarchie, proposèrent les états-généraux. On sait les malheurs qui datent de cette époque. Nous n'en parlerons que pour l'application des principes que nous avons énoncés. Ces états-généraux, formés en assemblée constituante, présentèrent la réunion des hommes les plus éclairés du royaume, mais ignorans sur les questions qu'ils avaient à traiter. De là, tous ces systèmes bizarres de philantropie théorique, ce retour aux vices, aux passions de la nature pour corriger l'ordre social, cet éloignement de tout ce qui constitue les véritables intérêts des hommes; et enfin cette destruction des propriétés de tous genres et des principes de toute société. L'aristocratie, au lieu de former un rempart autour du trône, au lieu de faire dans les provinces un appel à tous les habitans de ses domaines, se divisa en deux partis : l'un se tourna contre la cour, et l'autre, adoptant la déplorable mesure de l'émigration, laissa quelques honnêtes gens lutter seuls contre la masse des non-propriétaires; et encore, qu'auraient-ils fait, ces nobles de la ville et de la cour? Depuis des siècles, ils n'habitaient plus les campagnes; ils n'avaient plus ce patronage que donnent la dignité du rang, la reconnaissance des bienfaits, le souvenir des aïeux; leurs possessions qui, la plupart, portaient leur nom, tombaient en ruine et étaient abandonnées, comme ces biens des colonies que l'on fait régir par un intendant obscur. Bref, on n'attendit pas leur départ pour brûler leurs châteaux; on ne craignit pas leur retour pour acheter leurs biens, et la France vit bientôt la propriété subdivisée à l'infini, et les intérêts démocratiques se former naturellement, autant par ce partage agraire que par la classe des nouveaux propriétaires. L'abolition des substitutions et la répartition égale entre les enfans qui eut lieu en même temps, portèrent le dernier coup à l'aristocratie foncière. Dès-lors il n'y eut plus en France qu'un intérêt, celui d'acquérir, *principe d'action,* qui ne fut plus modéré par le désir de conserver, *principe de stabilité.*

Louis XVI se vit obligé d'accepter la constitution; mais l'eût-il fait de bonne volonté, cet ouvrage imparfait n'avait pas le moyen de se maintenir, car il faut le répéter, ce n'est point les lois qui régissent les empires, mais la nature d'individus chargés de les faire observer. Or, le mode d'élection prescrit par cette constitution ne devait y faire entrer que des non-propriétaires, et par conséquent tendre à bouleverser l'Etat. Trois vices fondamentaux, parmi plusieurs autres, rendaient difficiles tous moyens de défense. Le premier était de n'établir qu'une seule assemblée, ce qui privait l'autorité de tout contre-poids et toute sauvegarde; le second était d'ôter au Roi l'initiative des lois, en le réduisant à un simple *veto* qui ne décidait rien; le troisième était d'empêcher que les ministres pussent faire partie de l'assemblée, de sorte que le Roi devait diriger les affaires sans aucun moyen d'action, et s'opposer aux attaques qu'on lui portait sans aucun moyen de résistance. A ces deux fautes, on en ajouta une quatrième, celle d'empêcher qu'aucun membre de l'assemblée ne fût réélu ; c'était ne vouloir qu'aucun des auteurs de la constitution que l'on allait mettre en mouvement, pût la défendre, ou seulement l'expliquer, la laissant ainsi entre les mains des non-propriétaires intéressés à la renverser, sans que le Roi eût aucun moyen d'en appeler à de meilleures élections ; c'était créer deux foyers d'actions opposées, qu'aucun lien ne pouvait réunir ; c'était établir deux armées en présence, dont l'une était composée d'un général sans soldats pour le soutenir, et l'autre de soldats sans général pour les diriger.

La France passa ainsi de l'aristocratie foncière à l'aristocratie mobile ; de celle-ci à la démocratie, et de la démocratie au sans-culotisme ; c'est-à-dire que des grands propriétaires, elle tomba par tous les échelons de la petite et de la non-propriété, à l'homme du peuple, couvert de haillons; et remarquez que ces révolutions avaient si bien pour base l'absence de la propriété, que l'ordre de la société n'eut de marche ascendante, que lorsqu'après le 9 thermidor on revint à des institutions plus analogues aux vrais principes.

La révolution présenta les mêmes désordres que l'état de nature et les mêmes efforts de la société pour en sortir; on eut d'abord l'aristocratie de la force et des passions naturelles sous la terreur; plus tard, l'aristocratie du courage; enfin, l'on revient à celle de la propriété sous le gouvernement actuel, car la même marche qui s'opère dans une société nouvelle, reparaît dans une société renouvelée.

La constitution de l'an 3 présentait cependant une apparence de retour à de meilleures idées, mais les élémens en étaient toujours opposés au but; elle consistait en un directoire, un conseil de cinq-cents et un conseil des anciens; ces deux derniers, qui, pour la balance, auraient dû être pris dans des classes diverses, ne différaient que par l'âge; et c'est bien peu connaître les hommes, que de compter l'expérience pour quelque chose dans la règle de leurs actions. L'intérêt est ce qui gouverne et doit gouverner les hommes; j'entends par intérêt le desir de conserver ou d'améliorer sa situation, de répandre les jouissances de la vie sur tout ce qui tient à nos affections. Cet intérêt chez les propriétaires est stable, pur, éclairé, conservateur; chez les autres, il est inquiet, turbulent, agité. Le gouvernement, entre les mains des uns ou des autres, participe de leur nature et agit d'après leur impulsion. La constitution de l'an 3 portait les mêmes vices que celle de 91, deux foyers d'actions, le directoire et les cinq-cents, sans que le choix d'un ministre pût les réunir, puisqu'également le ministre ne pouvait être pris ni siéger dans l'assemblée; ainsi la majorité du directoire pouvait se lier avec la minorité des cinq-cents pour renverser le gouvernement, ce qui arriva au 18 fructidor, ou se joindre aux anciens pour le même but, ce qui eut lieu au 18 brumaire. Pendant tout ce temps, la propriété allait toujours se morcelant, se subdivisant; la loi du 17 nivose opérait ses ravages en arrêtant la faculté de tester, et la

France, tout en revenant à la monarchie par la centralisation de son gouvernement, se portait à la démocratie par la division des propriétés et le nivellement des existences.

Napoléon arriva, et trouva le pays partagé entre les partisans de la révolution et ceux qui regrettait l'ancien ordre de choses. J'ignore si dès les premiers jours de son élévation il eut le projet de s'élever au trône, s'il calcula ses démarches dans ce but; mais, quoi qu'il en soit, il agit habilement pour y parvenir : il jugea que, s'il se jetait uniquement dans le parti de la révolution, il parviendrait au plus à être l'insipide président d'une insipide assemblée; que, s'il choisissait les royalistes, ils lui demanderaient ce qu'ils ont fait, le rétablissement de leur souverain légitime; il pensa donc à créer dans l'Etat un nouvel ordre d'individus pris dans tous les partis, et qui lui appartînt assez pour lui tenir lieu de l'opinion qu'il ne pouvait avoir : de former une aristocratie, non de gens riches qui auraient des talens, mais de gens à talens à qui il donnerait la richesse; enfin, une armée d'employés civils et militaires qui trouveraient fort doux d'ajouter à la gloire des armes, ou à la considération des places, des traitemens considérables, et le moyen de vivre agréablement; gens dévoués par ambition et par reconnaissance; gens au surplus de tous les temps et de tous les pays, mais qui jamais ne formèrent, autant que sous Napoléon, un corps distinct et imposant.

Cette mesure arrivait fort à propos dans un temps où tous les partis, fatigués des secousses et des dangers qu'ils avaient traversés pour des opinions, faisaient volontiers trève avec elles, pour s'en tenir aux jouissances de la vie; il eut le soin, pour s'assurer davantage ces nouveaux affidés, *comites*, *socii*, comme dans les temps anciens, de les tenir liés les uns aux autres, de donner de préférence les emplois civils à des parens de militaires, et d'avancer dans le militaire les enfans de ces employés civils. L'administration devint alors la sœur de l'armée, et l'armée une émanation de ceux qui pouvaient en effectuer le recrutement. Le sénat, le corps législatif, le conseil d'Etat, les administrations locales formaient une coalition d'invidus aussi occupés au moins de leur situation personnelle que du bien de l'Etat; le reste des habitans de la France fut considéré comme consommation. Ce jeu de recette et de dépense, d'action des dominans sur les dominés, des payés sur les payans, était si fort, et donnait au chef un tel pouvoir, que l'invasion étrangère et des défaites multipliées pouvaient seules le renverser; il fallut l'Europe entière pour détruire, non pas comme on le dit toujours, un individu, mais le système d'un individu.

Il serait cependant injuste d'affirmer que Napoléon ne sentit pas l'importance d'une aristocratie fondée sur la propriété; il le manifesta dans le mode d'élection des colléges électoraux et des membres des corps représentatifs, et surtout dans l'institution politique des dotations en pays étrangers, qui aurait fini par attirer en France cinq cent millions de capital, et former une aristocratie territoriale nouvelle contre laquelle l'ancienne propriété aurait en vain lutté. Il joignait d'ailleurs à son système d'admettre à sa cour les individus les plus marquans de l'ancienne propriété et de les attirer dans les places civiles et militaires, pour réunir par ce moyen leur influence. « Vous êtes de mauvais élémens de « notre système, » disait devant moi un de ses ministres à quelques anciens nobles restés riches, « il eût fallu que Robespierre vécût un « an de plus, nous nous serions passés d'avoir « pour vous tant d'égards; mais, puisque vous « existez malgré nous, il faut que vous existiez « avec nous et pour nous. »

On peut, en effet, prévoir que, si Napoléon se fut un jour occupé de la fondation de sa puissance, s'il eut voulu assurer à son successeur un règne paisible, et surtout un gouvernement facile, il eût composé de tous ses *socii* ou leudes et de ceux qu'il avait admis parmi eux, une masse intermédiaire de grandes propriétés; qu'il eût accordé à ce corps de hautes attributions et des prérogatives; qu'il eût encouragé parmi eux au plus haut degré les substitutions dont l'institution des majorats était déjà l'image; qu'il eût obligé de réaliser en France, à quelque prix que ce fût, les dotations en pays étrangers, tandis qu'au contraire il y mettait des entraves, afin de donner à ses généraux plus d'intérêt à se battre au dehors. Il n'eut point le temps ou la volonté de s'occuper de ce grand objet, et la France eut sous son règne une monarchie sans contrepoids, une noblesse sans prépondérance, une magistrature sans considération, une finance sans crédit, un clergé sans revenus, et semblait être en un mot une république gouvernée par un dictateur héréditaire. Un des plus singuliers effet de cet ordre de chose est la masse d'ambition qu'il a répandue indistinctement dans tous les Etats. Comme il n'existe aucune classe intermédiaire qui puisse avoir un patronage particulier, et arrêter dans des cercles plus étroits les prétentions des rangs inférieurs, tous les regards, tous les desirs se portent aujourd'hui vers le pouvoir. La division de la propriété multipliant les moyens d'aisance et d'éducation, tout le monde aspire à des places administratives; le gouvernement est obligé par-là de faire une place considérable à la classe moyenne, de compter pour ainsi dire avec elle, de l'attirer à lui, et de voguer sur le torrent pour le diriger, au lieu de lui opposer des digues pour le contenir. L'aristocratie doit alors se recruter en grande partie dans cette masse puissante à mesure qu'elle présente des existences convenables à son institution. On la soumet par-là à reconnaître, sans répugnance, des rangs plus élevés, et une prépondérance à laquelle elle peut un jour parvenir; car il ne faut pas s'y tromper, ce n'est pas la liberté qu'on veut principalement en France, c'est l'égalité; j'entends l'égalité de distinction et de prérogatives, produits naturels de l'égalité de moyens et de fortune. Ceux donc qui ont cru pouvoir rétablir la noblesse dans son ancien éclat sans pouvoir lui rendre son existence passée, n'ont pas connu combien vingt-cinq ans d'habitudes nouvelles et de chances contraires déplacent la considération et détruisent le prestige du respect. « Abolissez « dans une monarchie, dit Montesquieu, les « prérogatives des seigneurs, du clergé, de la « noblesse et des villes, vous aurez bientôt un « Etat populaire ou un Etat despotique (1). »

Un double niveau a, pendant vingt ans, travaillé à égaliser les fortunes et à décomposer la propriété; agissant dans le haut par la loi du 17 nivose, par la confiscation des biens,

(1) MONTESQ., pag. 26, 1er vol.

la réunion des forêts à la couronne, l'absence des capitaux venant des colonies, qui renforçaient la propriété dans les grandes familles; agissant dans le bas par la vente à vil prix et par petit lot des biens du clergé, des émigrés et des communes, par les progrès de l'agriculture, du commerce et de l'industrie dans les classes inférieures. Un pays dans cet état ne peut se sauver de la démocratie que par la tendance à récompenser les propriétés, sans détruire cependant les bons effets produits par les autres circonstances, et qui consistent principalement dans une aisance plus générale.

Ce point de vue n'a sans doute point échappé au Roi dans la composition de la charte constitutionnelle, puisque les lois qu'elle renferme, et qui peuvent un jour assurer le bonheur de la France, s'accordent avec les principes que nous avons énoncés.

Le Roi, jugeant vraisemblablement qu'il était aussi difficile de rétablir tout ce qui avait été, que de détruire totalement ce qui était, a pensé à se servir de l'un et de l'autre pour les nouvelles institutions, de même qu'on reconstruit plus facilement un édifice en se servant des fondations et des matériaux que l'on trouve employés, et qu'il ne faut souvent que replacer d'après un nouveau plan. Opérant sur les élémens de la constitution de l'an VIII, qui établit deux chambres distinctes, sorte de perfectionnement des autres constitutions, il a pensé qu'il ne s'agissait plus que de donner à chacune des deux chambres une importance relative à leurs fonctions naturelles, en n'y admettant que des gens qui eussent un intérêt direct au repos et au bonheur de la société. Il a composé la chambre des pairs de grands propriétaire de familles illustres, d'hommes distingués par leurs services; il a donné à ceux dont la fortune n'est plus analogue à leur rang, des revenus considérables; il s'est réservé de leur accorder une seconde faveur, en rendant leur dignité héréditaire; il a donné à cette chambre de hautes attributions, comme celle de juger les ministres et autres grands dignitaires; il serait à desirer qu'il fît plus encore, et qu'il l'augmentât d'un certain nombre des plus riches propriétaires choisis dans différens départemens. Cette masse de fortune, prise indistinctement dans plusieurs classes, rendrait la chambre à la fois plus aristocratique et plus populaire.

Il est difficile cependant de baser la représentation de la haute aristocratie uniquement sur la richesse, d'après la subdivision des propriétés et le changement qui s'est opéré à cet égard, ainsi que nous l'avons dit plus haut. Les *Néoplouton*, ou nouveaux riches dont parlent Plutarque et Cicéron, et qu'ils accusent de plusieurs défauts, n'ont sans doute pas les mêmes inconvéniens en France; mais ils ne peuvent point être encore pris au hasard pour former le premier corps de l'Etat.

Il est tel gentilhomme, tel ancien magistrat moins riche, qui présente plus de garantie, et qui même a plus d'influence dans sa province. Les principes généraux ne sont jamais si absolus qu'ils ne puissent et ne doivent, dans certains pays, éprouver des modifications; mais, s'il en est ainsi pour une classe de propriétaires encore récente, il n'en serait pas de même pour leurs enfans, à qui l'éducation aura donné les habitudes et l'instruction qui peuvent manquer à leur père; et s'il fallait admettre en principe un choix parmi les enfans des riches ainsi anoblis, ou ceux de gentilshommes pauvres; je donnerais, politiquement parlant, la préférence aux premiers : car l'éducation de la richesse tend à élever l'âme et à donner le goût du juste, tandis que l'habitude et les privations de la pauvreté donnent nécessairement des impulsions contraires aux principes de la société, et qu'il faut beaucoup de vertu pour surmonter. « La noblesse, dit Aristote, consiste « dans une ancienne opulence. » *Nobilitas mundi*, dit saint Jérôme, *nil aliud est, quàm inveteratæ divitiæ.*

Les grands seigneurs étaient anciennement appelés *riches hommes*, tant la richesse semblait analogue à l'élévation du rang; c'est d'elle seule que provenait cette belle existence de l'aristocratie en Allemagne, en Espagne, en Italie, existence qui se trouve totalement perdue en France, et dont l'Angleterre même n'offre qu'une image imparfaite. C'est dans ces pays que l'on trouve, comme dans l'Ecriture, des propriétaires de domaines immenses, entourés d'une multitude de gens attachés de père en fils à leur maison, et qui portent même le nom de *la familla*; les fils des seigneurs sont tenus dans les bras de ces vieux serviteurs, qui apprennent à leurs enfans à les chérir et à ne les aborder qu'avec respect et attendrissement. Vous voyez rarement dans ces pays l'héritage se diviser, et, après plusieurs procès, passer à d'autres maisons. Les rues des villes portent leurs noms; les paroisses sont décorées par eux; les hospices sont des fondations de leurs familles. Leurs richesses soulagent la pauvreté, et la simplicité de leurs mœurs console l'indigence. Il n'est point de honte à les servir, car il n'y aurait point de gloire à les braver. Le respect est près d'eux un sentiment doux et noble qui s'inspire autant qu'il se commande, et qui ressemble plus à l'amour qu'à la soumission. Ces grandes existences amortissent les coups de l'autorité royale sur le peuple dont ils sont les protecteurs, et ils distraient l'attention du peuple de l'autorité royale, attention qui ne doit jamais être trop directe pour ne pas devenir hardie et familière. Cet ordre de choses reviendra en France lorsque les fortunes seront recomposées, et que les propriétaires, nommés à la chambre des pairs, chercheront, chacun dans leurs provinces, une clientelle et un patronage qu'ils ont perdus par les malheurs de la révolution ou qu'ils perdent par leur séjour habituel dans la capitale.

Quelques personnes voient, dans la nouvelle institution de la chambre des pairs, une démarcation qui tourne plus encore au préjudice de ceux qu'elle exclut, qu'à l'avantage de ceux qu'elle admet; ils prétendent que cet ordre de choses détruit la noblesse, qui ne formera plus un corps. Mais, je leur demanderai, en formait-elle un autrefois? avait-elle collectivement quelque fonction, quelque prérogative, quelques droits? aucuns. La noblesse, divisée en soixante-quinze mille familles, d'autres disent cent cinquante mille, n'était distinguée que par la faveur du monarque, et les emplois qu'on lui accordait de préférence; du reste, elle n'avait aucune existence politique dans l'Etat. Le Roi lui rend ses armoiries, ses titres, il confirme ceux qui avaient été accordés depuis; il ne peut rendre à personne les droits féodaux qui ont été abolis, et qui, si on les rétablissait, seraient, par l'effet des mutations, un nouvel impôt sur une classe nouvelle de propriétaires. Il ne rend pas non plus et ne doit pas rendre le privilège d'occuper seul les emplois militaires : car cette faveur très-nouvelle était regardée comme un abus ridicule. Il en était de même de la présentation à la cour : les preuves qu'il fallait faire excluaient les trois quarts de la noblesse, et dans le nombre, de très-anciens gentilshommes qui, par la négligence de leurs ancêtres, nepouvaient réunir les preuves suffisantes ; c'était, d'ailleurs, une discipline intérieure qui tendait plutôt à prouver que la noblesse ne formait point un corps, puisqu'elle était sujette à de semblables exceptions.

La chambre des pairs ne détruit aucun des avantages anciens ou nouveaux de la noblesse ; rien de cette considération attachée à des noms illustres dans les provinces, à des traditions consacrées par l'histoire, à des souvenirs chers à la patrie, à l'importance des alliances que l'on contracterait avec elle, et à la considération dont elle jouissait à juste titre. La chambre des pairs n'est autre chose qu'une cour de magistrature choisie parmi les hommes de mérite les plus éminens, pour être l'intermédiaire entre le monarque et ses sujets, dans toutes les questions qui intéressent les droits ou les devoirs de la société. C'est une députation plutôt qu'une division de la noblesse auprès du trône. C'est un honneur que le Roi lui fait de la considérer comme ayant le talent et la capacité suffisante pour composer presqu'à elle seule la plus forte partie de l'autorité : car il ne faut pas se le dissimuler, la chambre des pairs sera toujours par son essence composée du recensement des plus forts propriétaires, et c'est la noblesse qui possède encore presque toutes les terres, et qui réunit dans les provinces le plus de considération. Cette représentation de la propriété est donc d'accord avec les principes que nous avons exposés, et présentera sans doute un jour ce faisceau d'aristocratie prépondérant, seul principe de stabilité et de contrepoids.

Je vais passer à l'examen de la seconde chambre, qui, par ses attributions, est la plus importante ; elle doit être composée de députés nommés par les colléges électoraux. Il est inutile de rappeler les bases adoptées à cet égard ; il suffit de dire qu'elles reposent constamment sur la propriété. La liste des plus imposés forme le tableau dans lequel on est toujours astreint à choisir, d'abord, pour être de l'assemblée du canton; ensuite, pour faire partie du collège électoral de département ou d'arrondissement; et enfin, pour être élu par ces collèges. Ces trois scrutins composent un examen difficile, et on ne peut le contester : les nominations aux anciennes assemblées du corps législatif portaient en général sur d'honnêtes gens, mais cependant elles ne comprenaient pas toujours la véritable classe d'individus indépendans et capables, par leur situation, de résister à toute influence quelconque. En voici la raison : La nomination au corps législatif rapportait 10,000 francs de rentes, et donnait le moyen de rendre à Paris beaucoup de services; cette existence était très-recherchée par un certain nombre de personnes pauvres dans les départemens. C'étaient ordinairement des anciens hommes de loi, des secrétaires de préfecture, des membres du conseil de département, pour lesquels cette existence était à la fois un état et une fortune; les propriétaires riches, les négocians distingués, se mettaient rarement sur les rangs pour ne pas prendre à un homme malheureux, et souvent très-capable, une place qui le faisait vivre lui et sa famille. Le corps législatif n'était donc composé en général que d'une seule nature d'individus qui ne représentaient aucune des classes importantes de l'agriculture et du commerce. Aujourd'hui que cette place sera plutôt une charge pénible qu'un avantage, le choix se portera naturellement sur l'aristocratie moyenne de la société, sur le talent dans cette classe ; et la France aura, comme en Angleterre, une chambre basse composée de la représentation de tous les intérêts agricoles, manufacturiers et commerciaux.

Il existe cependant, par la nouvelle charte, une modification qui donne aux élections un caractère peut-être trop aristocratique, et qui éloigne tout-à-fait la représentation des intérêts locaux; je veux parler de l'article qui exige mille francs d'imposition pour être éligible. Il faut sans doute de la propriété pour représenter la propriété ; mais il faut aussi des talens et des lumières pour discuter les intérêts des propriétaires. En prenant en masse les connaissances répandues dans un pays comme la France, la somme sera beaucoup plus considérable parmi les personnes ne payant pas mille francs que dans les autres. Il existerait donc une opposition très-forte et très-dangereuse contre la représentation, de la part des individus qui ne pourront être appelés à en faire partie. L'exclusion qu'éprouveront ainsi de tout droit politique les commerçans, les manufacturiers, dont la fortune est souvent toute entière en portefeuille, les hommes de loi, les magistrats, augmentera la masse des mécontens, qui est toujours considérable après des temps de révolution. Il me semble que la condition d'une propriété assez forte, pourrait être seulement exigée des électeurs qui possèdent en définitif le pouvoir, puisque ce sont eux à qui on présente les candidats et qui font les choix. On ne peut craindre que ceux qui ont le plus d'intérêt à bien placer leur confiance, veulent eux-mêmes nommer des gens qui pourront en abuser. S'ils portent leurs vues sur un non-propriétaire, c'est qu'ils lui reconnaîtront assez de probité et de talens pour défendre mieux, qu'eux-mêmes, leurs propres intérêts. Alors se trouve développé le principe que nous avons annoncé, qui place dans la chambre des communes l'action et le talent; qui balance le poids de la grosse propriété, attribut particulier de la chambre des pairs.

La prérogative la plus importante, celle de refuser ou d'accorder l'impôt, réside nécessairement dans la chambre des députés; et par suite l'initiative des lois, qui n'est autre chose que le moyen de manifester son opinion ouvertement sur les intérêts de la communauté. Ce droit d'initiative n'avait pas été accordé à la chambre dans la charte, et en cela on avait manifesté une crainte mal fondée. Lorsque le ministère est porté par la majorité (et il n'y a point, dans un gouvernement constitutionnel, de ministère sans majorité), les lois proposées par lui ou par quelque député de son parti, passent sans difficultés, et ne peuvent jamais passer si elles proviennent de la minorité. Le Roi n'est donc jamais dans le cas d'éprouver de refus direct, et la discussion ne sert qu'à l'éclairer sur les opinions différentes, sans l'entraver dans ses projets. Il faut sans doute, dans cette combinaison, que le ministre fasse partie de la chambre; car s'il se borne à y siéger de droit, à y porter les propositions de la couronne, il n'est plus que l'homme du Roi qui cherche à attirer à lui la majorité de la chambre, tandis qu'en Angleterre, au contraire, le ministre est l'homme de la chambre auquel le Roi veut bien accorder sa confiance; ce qui change beaucoup les rapports entre les deux pouvoirs. Le Roi d'Angleterre est surtout puissant, parce qu'il ne veut pas user seul de sa puissance; il gouverne tout, parce qu'il n'a l'air de rien gouverner; il est placé sur le point le plus élevé du char, mais il n'en tient point les rênes. Ce n'est pas le Roi qui gouverne en Angleterre, c'est la royauté; elle est toujours la même, quel que soit le caractère du prince entre les mains duquel elle réside. On voit ailleurs des souverains arbitraires; en Angleterre, c'est le pouvoir qui l'est. Ce ne sont pas des hommes qui le font agir, ce sont des principes.

Il est question de savoir actuellement si le caractère français, soit dans le souverain, soit dans le peuple pourra s'accoutumer à ce mode de gouvernement; si l'un voudra consentir à cette apparence de nullité, l'autre à la modération qui lui convient. On a toujours accusé les Français de légèreté, d'inconséquence; mais ce n'est pas là le vice de leur caractère qui s'oppose le plus au mouvement des assemblées délibérantes; leur défaut dominant est le besoin d'agir, de se montrer, de se faire valoir, de mettre la main à l'œuvre dans les choses mêmes qu'ils connaissent le moins. Il est impossible à un Français de s'effacer, de consentir à paraître en masse. Lorsque les assemblées auront l'initiative, et que les ministres seront pris dans leur sein, non-seulement ceux-ci auront à lutter contre un parti d'opposition, mais ils viendront difficilement à bout de leurs amis; tous voudront les trop servir; chacun leur donnera un conseil, leur montrera un doute; chacun aura un petit discours à faire, un petit système à proposer (1). La confiance qui, en Angleterre,

(1) Ce défaut dans le caractère français se remarque dans les plus petites choses; il s'observe même dans les arts : rien n'est plus rare qu'un morceau d'ensemble bien exécuté en musique, parce que chaque musicien veut s'y

survit encore à un parti, après des fautes réelles, cessera peut-être en France au moindre échec, au moindre mécontentement; les ministres auront rarement une majorité soutenue; et le Roi sera souvent occupé à concilier des amour-propres ou des ambitions inconciliables (1).

---

faire remarquer en particulier; rien n'est si rare qu'un tableau qui ait de l'effet, quoique bon d'ailleurs, parce que les peintres ne consentent à sacrifier aucune partie de leur composition, et veulent qu'on leur tienne compte des moindres détails.

(1) Il existe beaucoup d'autres causes de *l'inapplicabilité*, si je puis m'exprimer ainsi, de la constitution anglaise à la France, telle que la situation insulaire de l'Angleterre, le caractère des habitans, etc. etc. que l'on a cité souvent, mais la plus forte sans doute, et celle à laquelle on a le moins pensé, consiste dans la nature de propriété différente dans les deux pays, et dans l'esprit public qui tend à la maintenir. En France on ne connaît de richesse que le territoire, et quelques capitaux mobiles entre les mains de l'industrie, mais qui tôt ou tard se fixent à la terre. On n'y voit point, comme en Angleterre, une masse collective de valeur placée sur le gouvernement, qui intéresse tous les individus à sa conservation. La dette en Angleterre est dix fois plus considérable qu'en France; elle porte, sur un tiers de moins d'habitans, et sur moitié moins d'étendue de territoire; et cependant elle est à un

Quelque bonnes que soient les dispositions prises pour la nouvelle représentation, on doit

---

taux plus élevé, parce que la confiance la soutient, et que tout le monde y participe. La dette française n'est guère la propriété que des habitans de la ville de Paris; tandis qu'en Angleterre elle est le patrimoine de toutes les familles, de toutes les provinces qui ont de près ou de loin intérêt à n'y pas laisser porter atteinte. De là ce respect, cette religion du gouvernement pour en payer exactement les intérêts, pour se réunir dans toutes les crises qui pourraient amener une banqueroute. On en a vu l'exemple lors de la révolte de la flotte, où tout le parti de l'opposition passa dans celui du ministère. Il en fut de même lors de la perte des billets de banque; tous les négocians de la cité se présentèrent pour les consolider, et fournir le numéraire nécessaire à leur acquit. Cette union de toutes les volontés compose ce que l'on appelle *le crédit public*, qui n'est autre chose que le crédit d'un Etat considéré comme individu politique ou composé : or, le crédit d'un individu politique n'est pas différent, dans sa nature, du crédit d'un individu simple ou d'un particulier, il peut seulement reposer sur des bases plus étendues et plus variées; mais ces bases sont les mêmes, la faculté de payer les engagemens et la volonté de le faire, qui est la probité. La probité d'un gouvernement est la même que celle d'un homme. Les vertus n'admettent pas de modifications suivant les personnes, et la confiance est également relative aux vertus. Ceci a l'air simple, et de n'avoir pas besoin de preuves; et cependant, depuis la révolution, on n'a cessé de mécon-

craindre encore qu'elle ne soit composée de beaucoup d'élémens semblables; on peut juger d'avance à-peu-près la part que chaque nature d'opinion ou d'intérêt y occupera. Il est vraisemblable que la moitié sera composée d'hommes sages, modérés, de propriétaires voulant le bien de leur pays et se bornant à appuyer ou à contrôler les mesures que le ministère actuel proposera ; l'autre moitié, plus ambitieuse et plus exaltée en différens sens, fera de la chambre une arène de disputes, de prétentions, de réminiscences. Peu instruits, ou point partisans du mécanisme constitutionnel, les uns en entraveront la marche par ignorance, les autres par humeur, un plus grand nombre par la fausse idée que de pareilles démarches sont

---

naître ce principe. Le gouvernement n'étant point composé de propriétaires, n'a considéré en rien la propriété, et le peuple n'a plus considéré le gouvernement : la banqueroute a eu lieu; toutes les propriétés ont été attaquées, et le pouvoir a passé entre les mains des gens intéressés aux usurpations et aux renversemens des fortunes; ce qui n'arrivera jamais en Angleterre, où de pareilles tentatives seraient infructueuses.

agréables au Souverain. Au moins, la pureté des intentions de ceux-là les rendrait excusables; mais il y en a d'autres dont l'opposition pourrait n'être fondée que sur leur mécontentement personnel. La France est partagée en deux classes d'individus : les uns croient que la révolution ne s'est faite que pour eux, et ils ne veulent rien perdre de ce qu'elle leur a produit; les autres croient qu'elle ne s'est faite que contre eux, et ils veulent retrouver tout ce qu'elle leur a ôté. Ceux-là demandent qu'on leur tienne compte de leurs travaux, ceux-ci de leur inaction, et à les entendre tous, le Roi devrait acquitter toutes les dettes, réparer tous les torts, récompenser tous les services.

Ces inconvéniens étaient trop grands, pour que la couronne ne cherchât pas à avoir une sorte de prépondérance dans le choix des députés; ne pouvant, comme en Angleterre, disposer du genre d'élection, connu sous le nom de *Rotten Borough'*, elle a tâché de regagner cette élection par la nomination à la présidence des collèges de département et d'arrondissement, qui influe beaucoup sur la nature des élections. Il faut avouer cependant que ces derniers collèges auraient pu sans danger avoir le droit de nommer eux-mêmes leur président. N'ayant que des candidats à présenter, leur action n'est que fractionnaire, et ne va pas au-delà d'un simple épurement parmi les plus imposés et les plus notables. Ils ne peuvent faire aucun choix spécial, et ils sont soumis d'une part à l'aristocratie des collèges électoraux de département, et de l'autre à l'influence de la couronne par l'empire des présidens dans les deux collèges. On peut donc répondre d'avance que les nouveaux choix seront aussi bons qu'un mode quelconque d'élections peut en produire. Il s'agit actuellement de savoir si le mode de promulgation de la constitution, émanée principalement du Roi, est d'une aussi forte garantie pour le pays, que si elle avait été le résultat d'une délibération plus populaire : la chose ne me paraît point douteuse. En effet, le Roi dictant lui-même la charte constitutionnelle, jurant sur les autels de la maintenir, a pris un engagement plus solennel, et l'a fait prendre tel à ses successeurs, que si cette charte lui avait été imposée, sans qu'il y fût intervenu. Les princes qui viendront après lui ne pourront pas voir en elle l'effet de la contrainte, et penser légalement à s'y soustraire; ils ne pourraient le faire qu'en portant atteinte à la mémoire de leur aïeul, qui a fait la part du passé et du présent, qui a consulté les hommes instruits du corps qu'il a trouvé établi, et qui a donné ainsi un cours réglé à ce torrent qui gronde depuis vingt ans dans l'abîme. Tout est concilié par ce nœud nouveau, par ce pacte authentique; les bases d'une longue durée y sont établies, à moins qu'il ne se découvre dans l'action quelque vice d'équilibre auquel il serait nécessaire de remédier; à moins, surtout, qu'on ne commette quelques-unes de ces imprudences qui indisposent par trop la classe vigoureuse, active et entreprenante de la société. C'est au bout de quelques années, lorsque la chambre des députés sera recomposée par de nouvelles élections, qu'elle sera en mouvement, que la chambre des pairs aura reçu les lois organiques qui la concernent, que l'aristocratie commencera à se reconstituer, qu'on pourra juger de la marche du gouvernement, et des frottemens qu'éprouveront respectivement chacun de ses rouages. L'habitude consolidera ensuite les institutions, en affermissant de plus en plus les principes sur lesquels elles reposent.

CONCLUSION.

Ce n'est plus sous la domination des étrangers, mais encore en leur présence, que nous allons discuter les grands intérêts de notre pays. L'Europe va juger si nous pouvons jouir, sans danger pour elle et sans désastres pour nous, de ces bienfaits de la civilisation dont nous nous sommes toujours montrés si épris, et quelquefois si peu dignes. Cette épreuve sera sans doute la dernière, ou pour notre bonheur ou pour notre perte, et nous aurons seuls le mérite ou le tort de notre destinée.

Quoi ! faudra-t-il que le royaume de Charles V, de Louis XII, que la patrie de Sully, de l'Hôpital, de Montesquieu, ne puisse participer à des lois sages, et se devoir quelque chose à elle-même ! Après vingt-cinq ans de malheurs, n'aurions nous d'espoir que dans la douceur de la dépendance ; semblables à ces captifs qui, ayant long-temps langui dans un cachot obscur, ne pourraient plus supporter la clarté du jour!

Rejetons cette honteuse pensée, secondons les travaux de notre Souverain, en profitant de ses lumières; et, puisqu'il est généreux pour notre bonheur, soyons heureux pour sa gloire. Abordons hardiment ces questions importantes, cette création d'un nouvel ordre social; remontons aux principes qui en sont la base, et bientôt les dangers qu'ils présentent ressembleront à ces fantômes de l'imagination, et de la crainte, qui s'évanouissent lorsqu'on sait les braver.

Il est triste de le dire, mais nous étions plus près peut-être au quinzième siècle d'un gouvernement constitutionnel, que nous ne le sommes aujourd'hui. Tous les élémens s'en trouvaient formés; il n'y avait qu'à les façonner pour ainsi dire, tandis qu'à présent il faut les créer de nouveau. L'Angleterre, plus fidèle à ses anciennes institutions, et plus opiniâtre, a toujours eu en vue notre point commun de départ. Tout en perfectionnant à mesure son édifice social, elle en a conservé la vieille charpente : l'autorité royale et l'aristocratie s'y sont maintenues, l'une en cessant d'être arbitraire, l'autre d'être oppressive, et près de ces deux puissances s'est élevée doucement une démocratie municipale, soumise à des bases qui l'empêchent d'être factieuse. Cette admirable combinaison de la sagesse et du temps a été reproduite par la charte constitutionnelle; elle a déjà acquis les formes que peut prescrire la sagesse; il ne lui manque que le mouvement et la solidité qu'elle ne peut recevoir que du temps; les vices qui se sont manifestés dans son action n'ont point échappé à la pénétration du Roi. Le plus dangereux de tous, le défaut d'ensemble et de responsabilité du ministère, vient d'être corrigé entièrement par les nouvelles modifications; et les dangers qui ont souvent menacé l'autorité royale, ne peuvent plus se reproduire.

En effet, si l'on examine ce qui s'est passé depuis vingt-cinq ans, on verra que la grande et presque unique cause des révolutions qui ont eu lieu, c'est la tendance des esprits à ne jamais séparer le pouvoir principal et inamovible d'avec les agens mobiles de l'autorité; à renverser le gouvernement, lorsqu'on était mécontent des gouvernans. Ce qui eut lieu ainsi contre les assemblées, contre le directoire, ou le consulat, parut aussi légal envers la personne des monarques, dès que ceux-ci eurent remplacé les autres dépositaires du pouvoir. Beaucoup de gens trouvèrent aussi naturel de détrôner un souverain que de changer un ministère ; semblable à ces ouvriers ignorans qui emportent la pièce entière au lieu d'en réparer les ressorts, qui coupent l'arbre par le pied pour en élaguer une branche. Aux yeux de ces hommes, le principe de la légitimité s'est affaibli au point qu'il n'y a plus de différence entre une monarchie héréditaire et une couronne élective. Le monarque est à-la-fois responsable de ses choix et de ses malheurs ; il n'en sera plus ainsi à l'avenir, et le nouveau mode de solidarité dans le gouvernement donnera à l'ensemble de l'administration une force relative qui doublera son action ; le ministère, devenu une émanation des chambres, acquerra une puissance d'opinion qu'il ne pouvait avoir lorsqu'il ne tenait son pouvoir que du prince ; l'importance des chambres augmentera dans la même proportion, et se communiquera également à tous les électeurs qui seront appelés à les nommer.

Ce ne sont point seulement les affaires générales qui gagneront à cette mesure; mais encore l'administration locale, les intérêts municipaux; les gens riches, par le désir d'être élus habiteront davantage les provinces; il s'établira entre la cour et les campagnes des rélations plus intimes, plus libérales. Les représentans seront en quelque sorte les mandataires de leurs commettans près du gouvernement; ils y feront connaître la bonne ou mauvaise conduite des autorités locales; ils y protègeront les entreprises utiles. Le ministère s'occupera de leurs intérets, parce qu'il aura besoin de leur approbation; en un mot, nous aurons, comme en Angleterre, les bases véritables d'un gouvernement constitutionnel, je veux dire *la fixité dans le pouvoir royal et la mobilité dans l'action exécutive, la légitimité dans la succession au trône, quel que soit le caractère supposé du prince appelé à régner, et la responsabilité dans le ministère, quelle que soit la volonté du souverain pour le conserver.* Les premières assemblées depuis

1789 ont régné par le peuple sans l'armée. Napoléon gouverna par l'armée sans le peuple; aucun ne s'est soutenu. Pourrait-on croire possible de gouverner par la cour, sans le peuple et sans l'armée? Il faut une force supérieure quelconque pour agir contre des forces réunies, et il n'en est pas de plus efficace, de plus naturelle pour soutenir le monarque que l'action de la communauté manifestée par la représentation. Si la nouvelle assemblée est composée d'hommes sages, modérés, sachant sacrifier leur amour-propre ou leur ressentimens particuliers à l'intérêt général, pensant moins à se faire valoir qu'à réparer les maux de leur pays, nous présenterons encore à l'Europe une attitude noble et digne. De grandes difficultés sans doute sont à surmonter, pour fonder ainsi la liberté du milieu de l'esclavage. Il s'agit de diviser les pouvoirs, lorsqu'il serait utile de concentrer l'autorité; de dissoudre l'armée, lorsqu'on aurait le plus besoin de force répressive; d'accorder la liberté illimitée de la presse au moment où toutes les passions sont en mouvement; de recomposer une aristocratie foncière, lorsque les propriétés sont divisées à l'infini; de rétablir le principe de la légitimité, lorsqu'il a reçu les plus fortes atteintes ; de fonder en un mot un gouvernement constitutionnel, dont la moitié des habitans ne connaît même pas le mécanisme. Certes si les lumières du Roi, l'habileté des ministres et la sagesse des chambres surmontent tous ces obstacles, nous aurons suffisamment prouvé à la postérité que la nation la plus spirituelle n'est pas, comme on se plaît à le croire, la plus légère, et qu'un peuple brave, tombé du plus haut point de puissance au dernier degré du malheur était digne de sa gloire passée, puisqu'il sait supporter l'adverté avec noblesse et résignation.

www.ingramcontent.com/pod-product-compliance
Ingram Content Group UK Ltd.
Pitfield, Milton Keynes, MK11 3LW, UK
UKHW020337230726
13925UKWH00003B/845